A HONORABLE, TRES VERTVEVX, ET DISCRETE personne M. Nicolas Fournier, marchand, bourgeois à Pontoise.

S. D. F. N. T.

A difpute & refolution qu'eurent les anciens Philofophes fur le deuoir à quoy l'homme, iaçoit que pelerin en ce monde, eftoit plus obligé, nous a mis hors de doubte, quand par leurs fentēces laconiques & briefues ont inferé que l'amour du pays eft à preferer à toutes autres amitiez: car comme dit Ciceron au premier de fes Offices (repetant la fentence du diuin Philofophe Platon à Architecte) nous ne fommes pas naiz feulement en ce monde,

ins noſtre bien & ce qui eſt en nous doibt e-
ſtre employé à nos parents & amis, & ſur tout
à noſtre pays, pour lequel ne deuons eſpargner
noſtre propre vie, qui eſt la plus chere de nos
offrandes, comme pour exemple l'ont monſtré
pluſieurs vaillants perſonnages de renommee
immortelle, leſquels eſmeuz du zele de l'aduancement de leur patrie, n'ont point craint de
s'eſlancer à la mort, eu eſgard à l'amitié qu'ils
ſçauoient deuoir à leur pays natal. Ce premier
Conſul Romain Iunius Brutus pour rendre
ſon pays en liberté & hors la tyrãnie qu'exer-
çoit de ſon temps l'orgueilleux Tarquin, print
l'eſpee en main pour combatre en plein carre-
four, (&) deuant tous l'outrecuidé Aronta fils
aiſné dudit Tarquin le ſuperbe, où tous deux
ſ'entretuerent, l'vn poltron, & l'autre noble,
l'vn en honte & l'autre en gloire. Ainſi The-
ſeus iaçoit que fils de Neptune, ne craignit ſe
roüer au Minotaure pour affranchir ſon pays
d'Athenes du fardeau de ſeruitude. Ie laiſſe
arriere le fait de pluſieurs vaillants perſon-

nages, comme d'Epaminondas, Themistocles, Codre, Scipion, Camille, les Deces, & entre les saints, Dauid, les Machabees, & autres sans nombre qui n'ont rien obmis qui peut seruir à l'aduancement de leur patrie. On cognoist mesmes que plusieurs escriuains n'ont mis la main à la plume pour autre fin que pour se monstrer ne vouloir estre ingrats enuers leur pays, auquel par droit naturel ils se cognoissoient estre du tout obligez. Combien ayët peiné & souffert de chaleurs & froidures les historiens Romains en escriuant leurs grands volumes de Decades & Centuries, ceux là seulement qui prennent plaisir à composer les liures le peuuët tesmoigner & sans refraindre affermer qu'il n'y a chose au monde qui corrompe plus la personne que d'escrire en temps d'Hyuer & d'Esté. Ce nonobstant se trouuent tant de liures escrits, & tant d'histoires ramassees d'vn & d'autre, que si l'amitié du pays ne sollicitoit tels compositeurs, pas vn d'eux, ou peu, prendroient si grand trauail qu'il est requis d'as-

sembler en si grande sueur ce qui est necessaire
à tel effect. Et quand par pauureté ou par di-
stance des lieux on n'a pas liures à main, ou
bien qu'on ne trouue rien par escrit du subiect
qu'on veut traicter, c'est encore la plus grand'
desolation que l'Auteur pourroit auoir, comme pour faire vn traicté des Antiquitez de
nostre ville de Pontoise, de laquelle on ne
trouue rien par escrit aux historiens autenti-
ques, voire à grand peine le seul nom. Toutefois le deuoir que ie doibs auec vous à ceste
ville & pays qui m'a nourri, enseigné, logé par
si long temps & decoré par nos predications
l'espace de sept à huit ans, me rend debteur de
le reciproquer en si peu qu'il m'est possible de
faueur, & luy rendre l'vn des petits moyens
que i'ay receuz de luy, par le recit de ses antiquitez & excellences, que ie luy ay dressez du
bout de ma plume, & en ay fait vn petit liure
que ie presente & dedie à vos reuerences, comme à l'vn de mes meilleurs amis, & qui le merite mieux, eu esgard à la race dont vous estes
issu

iſſu. On cognoit aſſez que voſtre feu pere le ſire
Guillaume Fournier (que Dieu abſolue) fut
de ſon temps gouuerneur de ville du temps des
troubles, durant leſquels mania tant bien les
affaires qu'il preſerua le pays & la ville du
pillage & de l'hereſie qui y commēçoit à cou-
uer & pulluler. Et pource qu'on cognoiſt mieux le faict que ie ne le pourrois ici deſcrire, ie
feray fin, ſuppliant Dieu le Createur vous
conſeruer & garder en bonne proſperité &
ſanté, & vous auſſi de prendre le petit liure
d'vn tel cœur qu'il vous eſt preſenté par le
moindre de vos Orateurs qui vous baiſe les
mains. Ce premier iour d'Aouſt. 1587.

F. N. Taillepied.

SVR LES ANTIQVITEZ
DE LA VILE DE
Pontoise.

Dedans Pontoise amiable & beau lieu,
Le beau surgeon de l'Eglise de Dieu
Malgré Satan contre tous ennemis
Florir on void: car elle a des amis,
Dieu, tout premier. Et qui l'empeschera?
Son TAILLEPIED iamais ne cessera
De taillader sa louange à son aise,
Recognois donc l'autheur, viue Pontoise.

F. P. Nepos C. de Roüen.

LES
ANTIQVITEZ
ET SINGVLARITEZ DE
LA VILLE DE PONTOISE.

Ovbs le rideau d'oubliáce, la fondation des principales villes de ce royaume de France a esté cachee par nos deuanciers auec leurs faits remarcables qui en cest aage scruiroiét de beaucoup pour dresser au niueau de vertu l'esprit de la ieunesse du temps present, dót ne faut s'esmerueiller, tant pour la longitude du

temps qui nous a feurez d'efcripts que
pour la feuerité des loix antiques du
pays qui ne permettoient qu'on enre-
giftraft en tableau public les faits he-
roïcques des vaillâts perfonnages, afin
(comme il eft à prefuppofer) de feque-
ftrer hors de leur royaume l'enuie vraie
mere nourrice des feditions & guerres
ciuiles, ou bien que les eftranges natiôs
groffieres en leur façon de viure ne fe
mocquaffent de leur religieufe maniere de viure f'ils en euffent couché quelques articles par efcrit. Mais comme la
renommee des gens de bien fans leur
fceu, s'efpand bien fouuent par le pays,
ainfi ne faut doubter que la bonne police de nos anciens Gaulois tant bien
dreffee n'aye forti les bornes du royaume, & paruenue iufques aux royaumes
eftrâgers, mefmes iufques en Chaldee,
ainfi qu'il fe peut prouuer par les efcrits
qu'en ont fait Berofe Chaldeen auec

fon

son succeffeur Manethō Egyptien, desquels les regiftres nous tesmoignent asseurémét qu'entre autres Rois de Gaule, fut vn nommé Belgius quatorziéme Roy, duquel vne partie de la Gaule est dite Belgique : & en ce pays fonda vne ville, à l'entour de laquelle le pays est de luy appellé Belgaffin, qui est le pays ou est situee & affife noftre bonne ville de Pontoife. Or pour faire ample description de cefte ville, il eft plus que raifonnable de traicter premierement du pays ou ell'eft situee, à fçauoir du Vequecin, ainfi appellé, comme dit eft, de Belgius Roy de Gaule, pour ce que en ce pays ledit prince fit fon feiour & demeure ordinaire pour la plus part de fa vie, & à bon droit : car c'eft la terre la plus graffe & plus fertile qui foit en la France quant à toutes fortes de commoditez requifes pour la neceffité des viures. La Beauffe a fes bleds, le Parifis son plastre, Arles son muscat, Orleans son vin clairet, Normandie ses fruicts, Picardie ses forests, le Berry ses moutós, le Mans ses Chapons, Melun ses Anguilles, Caudebec son Esperlan, Corbeil ses Pesches, Cailly son Cresson, Dijon sa Moustarde, Lyon ses Marrós, Lymoulx ses Peignes, Tholose ses Ciseaux, Moulins ses Ganiuets, Langres ses Cousteaux, & ainsi de chasque pays qui a sa commodité particuliere : mais en general le pays du Vequecin a chair & poisson, terre & eau, bleds & vignes, bois & prez, estangs & riuieres, petites montagnes & douces valees, chaux & plastre, pierres & bricques, villes & chasteaux, nobles & paysans, hommes en grand nombre, & plusieurs especes d'animaux : bref (comme ie doibs dire) il n'y a pays au monde plus commode à l'entretenemét de la vie humaine, tant pour la serenité de l'air que pour l'abó-

dance

dance des viures qui y font quand il
court bon temps. Ce pays s'eftend depuis la petite riuiere de Valmondois en
Lifle Adam iufquesà vne autre petite
riuiere qui paffe par Fleury nommée
Andelle, à cinq lieuës de Roüen. Ce
pays eft appeléen Latin *Pagus Belgaffi-*
nus,(comme eft auffi le pays d'aupres de
Troyes en Chápagne, dit Trecaffinû,)
& en François, Vequecin, par corruption de langage, pour dire Belgaffin.
Raphael Volateran en fon antropolo-
gie fait mention des Belocaffins, & ne
s'efloigne pas beaucoup de cefte opi-
nion, finon qu'il les fitue vn peu plus
haut vers le Septentrion. Les Rois de
Gaule furét poffeffeurs du pays iufques
au téps de la monarchie des Romains,
qui y conftituerent des gouuerneurs
pour gouuerner les habitans, & y fuc-
cederent par longues annees.

Le fieur du Tillet en fon memorial

de France recite que les Rois de France bailloient leur auriflamme à porter au Comte du Vequecin qui auoit la seigneurie dudit pays. Depuis aduint que Raoul Duc de Normandie espousa la fille de France nommee Gille, à laquelle fut donnee en mariage toute la Duché de Normandie en plein domaine, & la moitié du Vequecin : & ainsi fut le pays diuisé en deux, à sçauoir en Vequecin Normand & François. Et tout ainsi que Gisors est la principale ville du Vequecin Normand, ainsi est Pontoise la capitale du Vequecin François : & par ainsi le pays du Vequecin François demoura tousiours soubs le domaine du Roy, & ne fut iamais subiet au Duc de Normandie, quoy que veulent dire quelques mal affectez qui osent tenir que Pontoise est soubs la Duché de Normandie.

Laissant ce different pour le present,

ce ne sera hors de propos si pour de-
mostrer plus à plein la beauté du pays,
ie recite les noms des Princes & Seigneurs qui font leur residence ordinaire audit pays du Vequecin, & le lieu ou
ils seiournent. En premier lieu, ma Dame la Duchesse de Lógueuille auec ses
enfans fait sa demeure au chasteau de
Trie, lieu plaisant & delectable. Monsieur de Dampuille & de Meru, fait sa
demeure ordinaire au chasteau de Vi-
gny. Monsieur le presidét Bariot, apres
ses trauaux, se retire en son chasteau de
Moussy pres Commeny. Le Procureur
du Roy general au parlement de Paris,
visite souuent ses domaines de Chars,
du *Bellay*, & autres lieux du pays qui
luy appartiennét. Le sieur de Ville-roy
secretaire du Roy fait sa demeure ordinaire pres la ville de Maigny en son
chasteau de Halincourt. Le sieur de
Chantelou a son chasteau & beaux iar-

dins, pres Bouconuiller. Monſieur le Cardinal de Peluë faiſant ſa reſidence à Rome ne laiſſe pas d'entretenir ſon lieu de Liancourt, ou eſt le plus magnifique iardin qui ſoit en la France, ſelon l'eſtime de ceux qui l'ont veu. Le ſieur de Bernieulles a ſon chaſteau à Sandricourt. Le ſieur de Sandricourt a ſa demeure en ſon hoſtel d'Amblainuille. Madame la Ducheſſe d'Angouleſme à cauſe de ſon doüaire de la duché de Montmorency a pluſieurs ſeigneuries audit pays de Vequecin. Et pour le faire bref, n'y a gentilhomme au pays qui n'aye chaſteau & maiſon honneſte, armes & cheuaux pour s'employer au ſeruice de ſa maieſté quand ils y ſont appellez. Entre autres qui me viennent en memoire ſont les ſeigneurs de Guery, Moncheureux, Freſneaux, Meſnil-teributs, Petit Menil: Hancucourt, d'Hus, Dampont, de Leſche ſieur de Vaux, de

Mery

Mery sieur de Pôtoise en partie, Boissi, Bacheuiller, Pouilly, Henouuille, Beruille, Vaudencourt, la Brosse, Fours, Helli sieur de Iouy en Telles, Chaluanson, Grainuille, Bouçonuiller, Vilerceaux, de Brosses, de Pocé, du Saulcé, Cormeilles, Andresy sieur de Puyseux, le capitaine Picquet sieur de Henouuille, le Sieurs de Flauacourt, Serifóteine, Villetarde, Boubiez, Tibiuiller, la Lande, Taillemontier, Portieux, Vauxmain, Dretecourt, la Mote, d'Enécourt Valiere, Auernes, Eraigny, de Guitry, Bertichere, Bantelu, la Chapelle, du Bout du Bois, de Boysemont, Laillerie, Gadencourt, Chambots, Conoilles, Gaigny, Montmors, Fay, Contenant, Breuedét, Courcelles, Ableges, Dampual, de Mouy sieur de la Bosse, l'Abeuille, Varicaruille, Gonzengrez, Saint Cir, Boroger, Dampierre, Daleté, Hédouuille, la Loire, Tessancourt, de Cos-

B

fart, Condecourt, la Selle, Menucourt, *Berual*, *Daleré*, *Barbezy*, Fourmainuille, *Mariuaulx*, Groulé, Liuillier, *Buhy*, *Bercaigny*, Balincourt, de Serents, Bouris, Montiauou, Rebets, Ofny, Villers, Gaigny, Haruille, la Rocheguyŏ, du Breul, Villette, Tumberel, la Mare, de Moulins, la Sablonniere, Goupiliere, de Han, de Marigny, la Groüe, le Baron de Riart, & autres en grád nombre feigneurs & gentilshommes de renom, lefquels pour la ferenité de l'air font leur feiour audit pays de Veque-cin.

Ie ne laifferay arriere les grands & remarcables perfónages natifs du pays qui font auiourd'huy au degré ecclefiaftique affez hautemét efleuez, comme font l'illuftriffime & reuerendiffime Cardinal de Pelué, Archeuefque de Sens, & au parauant garde des Seaux du Roy en lieu de Chancelier & Euef-que

que d'Amiens, auec son frere deffunct
Euesque de Appamiez, tous deux natifs
de Iouy en Telles. L'Euesque de Nan-
tes est sorti de la maison de Bouris, cóme est aussi l'abbé de Mortemer son
nepueu. Vn autre sieur de Mortemer
maistre Gaspard de S. Symon, Protho-
notaire, est sorti des Comtes de Ver-
mandois d'vne part, & de la maison de
Montmorency d'autre part. Il merite
qu'on aye souuenance de luy pour a-
uoir composé plusieurs traictez mis en
lumiere pour l'edification de l'eglise.
Le sieur de Fonteines, abbé, est de la
maison de *Brosses*. L'abbé des religieux
d'Arsons est issu de la maison de Fos-
seuze, l'abbé de Marcherouil est de la
maison de Montcheureux. L'Euesque
de Langres nommé M. Michel *Boudet*
(que Dieu absolue) estoit du village de
Monherlant au pays du Vequecin.
L'abbé de S. Victor en Caux est de la

maison de Hannencourt. M.Guillau-
me de *Boissy* a esté de só temps recteur
de l'Vniuersité de Paris. Mósieur Riant
iadis procureur du Roy en Parlement,
estoit natif de ce pays, cóme sont aussi
plusieurs Conseillers qui ont encore
leurs biens & possessions sur le territoi-
re du Vequecin, comme ont monsieur
le Maistre , messieurs les Enroulx de
Triel , monsieur des Lions, monsieur
Brussel, le President de Senlis, qui est de
la maison de *Boissy* sur Chaulmont, le
sieur du Plessis Marlin (qui a composé
vn volume de la Verité de la religion
Chrestienne, de la vie & de la mort,) &
autres, est sorti de la maison de *Buhy*,
qui est entre saint Cler & Maigny.

Sur ce terroir du Vequecin François , plusieurs monasteres d'ailleurs
ont leurs rentes & possessions qu'ils re-
çoiuent d'an en an des fermiers qui ont
leurs censes & leurs seigneuries.

Les

Les religieux de S. Victor lez Paris ont vne seigneurie à Amblainuille. Au mesme lieu, vn petit enfant escolier de Paris est Prieur.

Les religieux Mathurins de Paris ont vne belle seigneurie en la mesme Paroisse au lieu dit la Trinité.

Les religieux de saint Denis en Fráce ont plusieurs domaines par le pays, comme ont aussi les religieux de saint Vincent lez Senlis, ceux de Fescamp, Iumieges, du *Bec*, Chartreux de Gaillô, de l'abbaye du Val, religieuses de Poissy, de Chesles & autres, sans les possessions des monasteres assis audit pays, qui sont amples en suffisance. Sans les maisons de religion tant de la ville que des faulxbourgs, en nombre cinq à sçauoir, S. Martin, les Cordeliez, les Mathurins, Maubuisson, & L'hostel-Dieu, il y a trois maisons de Premonstrez, à sçauoir, Arsons, Marcheroul, & Gailllonnet, auec les priorez de S. Blaise, de Boysemont & autres.

Les Celestins de Mante sont du Vequecin, L'abbaye du Tresor, de Gainetfonteine, les Priorez de Vilerceaux, saint Laurens, Trie, d'Euesquemont, de Gonzégrez, de Bouconuiller, de Marquemont, de Bouris, de Temericourt, de Iusiers, de S. Pierre de Chaulmont, de Marines, de sainte Mille lez Triel, du Cornouiller, d'Auernes, de Gaigny, Montalet, & de Maigny.

Or pour faire fin au pays, & venir à la ville de laquelle nous voulons descrire les singularitez, sans faire d'vn Bibet vn Elephant, ains seulement y procedant non comme les Andabates en champ de bataille, mais par coniecture probable, quand l'œil & l'escriture y faudront, nous disons en premier lieu que le fōdateur d'icelle ville fut *Belgius* quatorziéme Roy de Gaule, qui y feit

faire

faire deux forts &beaux chasteaux, l'an
depuis la creation du monde deux mil
trois cens quatre vingts & deux, du
temps mesme que Moyse & Aaron a-
uoient charge sur le peuple d'Israël parmi les deserts d'Arabie.

On voit encore de present à veuë
d'œil la ruine de l'vn des chasteaux, &
l'autre qui est encore en estre. Ce chasteau ruiné s'appelle le chasteau Belger,
& par succession de téps que le lágage
s'est corrompu par la descente des Romains, Gots, Visigots & Ostrogots, on
dit Verger pour dire Belger, par cháge-
mét de lettres, cóme souuent il aduient
qu'on vse d'vn V. pour vn *B.* & d'vne
R. pour L. & au contraire. Ce chasteau
ruiné est sur vn rocher en vn coin de
mótaigne tout deuát la place de Maubuisson, de l'autre costé de la riuiere,
ou il y a encore plusieurs petites maisons au bas des ruines par où on va de

la ville au village d'Auuers.

Quand Iules Cefar fubiugua au domaine des Romains toute la Gaule Belgicque, il affiegea ledit chafteau Belger, qu'il fift demolir eftant entré dedans : mais l'autre qu'on nommoit Mont-Belgien, & par corruption de lágage, *Mont-belien*, ne fut point ruiné, ny les maifons d'alentour, ains demoura en fon entier comme on le void de prefent.

Or au deuant du chafteau Belger, ou *Belgien*, y auoit fur la riuiere vn pót de bois pour faire paffer l'eau aifément à ceux de Picardie & autres du pays Septentrional, quand ils vouloient aller en la Gaule Celtique. L'apparence fe void par la confideration de la chauffée haute & efleuce, par deffus laquelle on paffoit quád les eaux eftoient grandes. Au deffoubs du chafteau *Montbelien*, Iules Cefar fit transporter & dreffer ser ledit pont de bois, duquel on void les marques, au dessoubs de l'abbaye saint Martin, & estoit ce pont pour passer depuis la valee de Mótmorency iusques à la mer, vers Roüen & Dieppe, tout le lóg de la droite chaussee que on appelle la chaussee de Iules Cesar. Vne partie de la ville estoit le long de ceste chaussee depuis la riuiere iusques au dessus de l'abbaye saint Martin, laquelle lógue ruë (par les maladies contagieuses vuidee d'habitans) fut achetee par vn Abbé dudit monastere S. Martin, ainsi qu'il se trouue par escrit aux arches dudit lieu. Pour lors n'y auoit point d'autre Eglise parochiale deleguee aux paroissiens de ladite ruë que l'eglise des religieux, & leur cimetiere.

L'autre partie de la ville qu'on appelloit le Bourg, dont on dit encore la croix du bourg, estoit situee és enuirós du chasteau Montbelien, tant pour la

commodité des eaux qui paſſent par
aupres, que pour ſe pouuoir le temps
paſſé retirer dedans la fortereſſe dudit
chaſteau en temps de guerre : car c'eſt
vn lieu eminent haut eſleué ſur vn rocher, garni de tournelles & baſtions,
belles ſales, eau de puys à commodité,
fortes & hautes murailles ſerrees de
portes à longs poteaux.

Quant à la ſituation de la ville, ſelon qu'ell'eſt en ce temps, ceux qui ont
de pres contemplé la ſaintecité & ville
de Hieruſalem, ou IESVS CHRIST
fit la redemption de tout le monde, di-
ſent qu'ils ne trouuent au monde ville
quelconque qui reuienne mieux que
ceſte ville de Pontoiſe. Il eſt croyable
que ſaint Loys Roy de France, à cauſe
de ceſte ſemblable aſſiette aimoit à ſe-
iourner à Pontoiſe, faiſant ſon aſſiduel-
le reſidence au chaſteau, ou il fit faire
vne belle chapelle en l'hóneur de Dieu
& me-

& memoire de saint Vaast, & la renta
de quelques reuenus annuels qu'il laif-
sa au chapelain.

Depuis ce temps là, Philippe le Bel
Roy de France, l'an mil deux cens oc-
tante & six, fit faire, dans l'enclos dudit
chasteau, vne fort belle & assez grande
eglise en memoire de saint Mellon second Archeuesque de Roüen, & sup-
plia les bourgeois de prendre ledit S.
Mellon pour le patron de la ville, & de
solenniser la feste dudit saint comme
iour solennel. Il mit en ladite eglise dix
chanoines seculiers, & dix chapelains
auec autres officiers qu'il renta abon-
damment de ses biens, & leur donna
vne partie du domaine de Pontoise, &
de la ville Neufue le Roy (qui est vn
village assis entre Beauuais & Pontoise) auec plusieurs autres rentes & censi-
ues. Ainsi auoient accoustumé les Rois
de France depuis leur conuersion au

Chriſtianiſme, de fonder des chanoineries & monaſteres, pour l'amplificatió du ſeruice de Dieu. Et pleuſt à Dieu, que l'intétion des bienfaicteurs ne fuſt point fruſtree, ainſi qu'on apperçoit eſtre du temps preſent, que les ſucceſſeurs parens, ſoubs pretexte de droict patronnat, rentrent par force ou faueur au patrimoine de l'egliſe, ou bien eſt ſuccé par les harpies, le bien des ſeruiteurs de Dieu, par ce que le ſeruice de Dieu eſt negligé, comme on apperçoit en pluſieurs lieux qu'vn Chat-huant vray Hibou entrera ſeulement deux fois l'an au temple pour humer l'huile de la lampe, & non par deuotion.

Quant à l'edifice materiel de l'egliſe ſaint Mellon, ell'eſt baſtie de pierres de taille, à deux eſles de ſa largeur, auec le chœur qui eſt au milieu orné de belles chaires hautes & baſſes : le veſtiaire du coſté ſeneſtre, & le cloché de l'autre coſté, ou

ſté, ou il y a quatre cloches moyennes
tres melodieuſes au ſon du carillon. Au
deſſus du grand autel eſt eſleué vn eſtably ſur lequel repoſent les fiertres &
chaſſes des ſaintes reliques de S. Mellon, de S. Cler, S. Landon & d'autres en
grand nombre.

En la court du chaſteau ſont ſituees
& de pierre de taille edifiees les maiſons
& chapitre des Chanoines & Vicaires
de ladite Chanoinerie. Et commandét
leſdits Chanoines à toute la ville tou-
chant le fait de l'office diuin & l'admi-
niſtration du dernier ſacrement qu'eux
meſmes vót és maiſons des agoniſants
adminiſtrer en propre perſonne quand
ils y ſont mandez. Ce ſont eux auſſi qui
ont charge de donner le creſme & le
ſaint huyle aux curez tant de la ville
que des cinq villages proches de la ville: & ſont meſme des benefices deſdites
paroiſſes collateurs pacifiques : ils vont

tirant vers le chasteau royal, est situee aussi (en signe de preseance & comme seigneurs) les derniers és processions solennelles qu'on fait parmi la ville. Les Vicaires font l'office diuin en ladite eglise selon l'vsage de Paris, & chantent les heures canoniales & les heures de nostre Dame, auec la grand Messe qui se dit iournellement à neuf heures, y assistans quelques vns des chanoines. Et quand vient le Dimenche *Iubilate*, apres Pasques, tous s'y trouuent pour receuoir leur gros (qu'ils appellent) sans la distribution des mareaux qui se fait enuers ceux qui ont residé & fait le deuoir d'assister au seruice, comme ils sôt obligez. Entre les officiers de l'eglise, il y a vn doyen qui prend sur le reuenu double portion, vn diacre, vn soubsdiacre, vn cheuecier, quatre enfans de chœur vestus d'incarnat auec les petites aulbes, & leur maistre.

En

En la defcente du chafteau, vers la roche, il y a vn autre chafteau fort antique qu'on appelle l'hoftel d'Orgemót, qui eft le lieu feigneurial des fieurs d'Orgemót, duquel dependét plufieurs fiefs nobles, dont les feigneurs feodalz viennét audit lieu faire hómage de leurs domaines au fieur de Mery, auquel appartient ledit hoftel par la fucceffion de fes predeceffeurs, la memoire defquels fera perpetuelle pour auoir efté des premiers de la France, quant pour le maniement des affaires du royaume, tant pour le fait ecclefiafticque que pour le politicque, ainfi qu'il fe peut voir és annales & croniques de France.

Sur l'entree de la porte font efleuees en boffe fur vne pierre de taille les armaries & efcuffons defdits fieurs d'Orgemont, & portent pour efcuffon trois efpics d'orge d'or en champ d'azur. Tout aupres dudit hoftel d'Orgemont

la belle & ample eglise de la paroisse S.
Pierre, ou dedás le chœur sont les chaires tát des chapelains que des moynes:
car tout contre l'eglise est la maison du
prioré fondé de six religieux du Bec
Helouyn, lesquels on a veu faire l'office
diuin n'y a pas long temps, & ont encore leur dortoir, chambres, cloistre,
grenier, caues, granges, estables, puits,
court & iardin, & autres petites commoditez pour leur seruir quand ils re-
uiendront.

Et combien que ce Prioré soit entre
les mains de Prothonotaires, si est-il
qu'on fait encore memoire du Prieur
és quatre festes solennelles, parce que
c'est au Prieur de commencer l'office,
& celebrer la gráde Messe en tels iours:
mais aux autres iours les Chapelains
prestres seculiers, chantent deuotemét
& en bonne mortification les heures
canoniales, comme si c'estoient Chanoines

noines, & sont payez des offrandes que
les gens de bien font de iour en iour à
ladite eglise. Quant aux officiers de ceste eglise, il y a le lieutenant ou commis
du Prieur qui fait pour luy, par ce qu'il
n'est pas prestre, le Curé, les huit Chapelains, le Diacre, le Soubsdiacre, deux
clercs, le Secretain, les enfans de chœur
vestus de robes rouges, leur maistre,
l'organiste, les sonneurs, & le fossayeur.
Ceste eglise est d'assez longue & large
estenduë en deux esles, vne belle tour
de pierre façonnee en forme pyramidale, assise sur le bout du chœur, ou il y
a six cloches belles & bonnes & bien
resonnantes. Les orgues qui sont vn
huit pieds, ont pour leur fourniture la
monstre d'estain doré, la grosse & la
petite flute, la grosse & petite cimbale,
le gros & petit nazard, le ieu d'anches
auec pedales à vnisson de la monstre, le
ieu de larigot, & flute de canarie, le ta-

C

bourin & roſſignol auec le tremblant, & autres ieux qui y ont eſté mis par vn facteur d'orgues de Giſors maiſtre Nicolas Barbier, hóme tres ingenieux en ſon art. Or entre autre ſeruice qui ſe fait en ladite egliſe ſaint Pierre, tous les ſeudis de ſan on dit Veſpres du ſaint Sacrement, & le lendemain matin, la Meſſe & la proceſſion ſolennelle ou aſſiſtent les cófreres & autres par deuotion, afin de gaigner les indulgences donnees par les ſouuerains Eueſques de Rome, à ceux qui aſſiſtent au ſeruice, ou ſe mettent de la confraire.

Quand vient le Dimanche des Rameaux, les egliſes de la ville s'aſſemblét en maniere de proceſſion dedans ladite egliſe ſaint Pierre, afin de prendre des Rameaux de la main du Prieur ou de ſon Vicaire, & pour ouir la predication qui ſe fait le matin dans le cimetiere proche de ladite egliſe, lequel fini, chacun

cun s'en retourne en fa paroiſſe pou
aſſiſter à la grand' Meſſe. Soubs la voul
te du chœur de ceſte paroiſſe S. Pierre
y a vne arcade par deſſoubs ou on paſſe
pour aller au chaſteau, car c'eſt la ruë
commune, & en ce meſme lieu il y a vne
petite chapelle dediee en memoire de
ſaint Iean Baptiſte, en laquelle on dit
aſſez ſouuent la Meſſe par deuotion. Au
cimetiere d'icelle egliſe qui ſe diuiſe en
deux, à raiſon que la ruë eſt au milieu, il
y a des croix erigees en pyramides faites de pierres & d'erain auec pluſieurs
epitaphes. Ce cimetiere eſt vne place
haute eſleuee, par deſſus les petits murs,
de laquelle qui ne ſeruent que d'appuy
ſur le roché, on a la veuë des champs ſur
la riuiere d'Oyſe, plus loing q̃ ſix lieuës,
depuis l'orizon du ſoleil de quatre heures iuſques à 3. heures apres midy. Pour
la cõmodité des paroiſſiens enuirõ l'an
1567. fut fait vn gros horloge de ferrure

massiue, sans appeaux, auec vn beau cadran effigié de ses poincts de telle gros-
seur qu'on y peut veoir de dessus le pót,
& sert aussi pour les passants. Aupres du
marché de la ville il y a encore vne gráde eglise qu'on appelle saint Maclou, &
fut edifiee de grosse estoffe enuiron l'an
six cens apres la natiuité de nostre Seigneur. Au parauant ce temps, ce lieu
n'estoit qu'vne petite chapelle de saint
Eustache fort ancienne. Ceste eglise selon la place ou ell'est assise, est belle &
grande auec les esses remplies de chapelles tout à l'entour du chœur & de la
nef. Il y a pour ornement deux hautes
tours, l'vne sur le chœur ou n'y a point
de cloches pour le present, & l'autre au
bout de la nef, ou sót huit cloches gros-
ses & petites & bien resonnantes. Les
orgues qui sont sur vn doxal aupres de
la porte d'embas, est l'vn des beaux vais-
seaux de la France ou que soit l'autre,

voire

voire de la ſainte chapelle du Palais de
Paris, qui reuiénent à xiij. mil frács de
valeur, tant pour la pluralité des ieux
qui y ſont contenus, que pour la groſ-
ſeur des tuyaux mis en pedale depuis
peu de temps, à l'inſtance de maiſtre
Mathieu Hazard premier organiſte de
France, & grand muſicien, ainſi qu'il
appert par le pris qu'il a remporté du
Puy de ſainte Cecile à Roüen, pour la
compoſition du motet.

Or en vn bout de l'egliſe vers Septé-
trion du coſté du petit cimetiere y a
vné treſbelle chapelle du S. Sepulchre
de noſtre Seigneur, ou ſont comprins
deux myſteres, au premier deſquels eſt
la repreſentation de la deſcente de la
croix, & au deuxiéme eſt effigiee la ſepulture en beaux & grands pourtraits
d'images tirees au vif. Les colonnes des
autels de ladite chapelle ſont faites d'e-
rain figuré, comme auſſi celles du grand

utel, & l'ange deuant lequel on chante
l'epiftre. Pareillement, il y a des chaires
en cefte eglife parochiale comme en
toutes les autres de la ville, pour feruir à
ceux qui chantent l'office diuin iournellement: car pour faire le feruice il y a
dix chapelains, fans nombrer les habi-
tuez, qui chantent les heures canoniales, & autres Meffes de fondation: ils
font falariez des rentes de l'eglife par
ceux qui ont charge de leur diftribuer.
Car pour ceft effet, il y a deux treforiers
efleuz de trois en trois ans le iour faint
Michel, & vn receueur qui menent les
affaires politiques de l'eglife, comme
i'ay fceu de mon temps lors que maiftre
Nicole Honoré Aduocat, Auguftin
Cotin, & Nicolas Souuoye bourgeois,
auoient le maniement des affaires de ladite eglife. Par deffus les dix Chapelains
il y a deux Curez qui font leur fepmaine l'vn apres l'autre, comme pour le téps

preſent ſont M Iean Robequin, & M.
Iacques d'Eſcouys, tous deux graduez,
ainſi que les ordonnances portent que
nuls ſoient admis és benefices des villes
murees, qu'ils ne ſoient graduez & mai-
ſtres és arts pour le moins. Et pour autāt
que la paroiſſe eſt grande, & qu'à grãd'
peine peuuent ſuffire ces deux Curez, ils
ont vn Vicaire ſoubs eux pour adminiſtrer les Sacremés, & viſiter les malades
proches de la mort. Il y a ſemblablemét
deux clercs deſquels l'vn eſt ſecretain,
& l'autre ſert pour ce qui eſt neceſſaire
au ſeruice de Dieu. Auec le bideau de
l'egliſe, il y a vn ſonneur qui a charge
des cloches, vn foſſayeur pour inhumer
les treſpaſſez, vn organiſte & vn ſouf-
fleur. Et pource qu'en ceſt' egliſe y a
grand exercice de muſicque, comme
aux autres egliſes de la ville, & ſpecialement à noſtre Dame & à ſaint Pierre, ou il y a chapelles de muſicque,

aux defpends de ladite eglife eft entre-
tenu vn maiftre des enfans de chœur,
qui tient en fa charge fix defdits petits
enfans pour les dreffer au chant quand
il en eft temps.

Les Chanoines de faint Mellon vié-
nent deux fois l'an à cefte eglife pour
chanter les Vefpres & la grand' Meffe
les iours des feftes de la dedicace & de
faint Maclou:c'eft parce qu'ils font feigneurs de la ville & collateurs des Cu-
res de ladite paroiffe. Quant vient la fe-
fte de Noel, ils font obligez de fournir
de feurre & paille les paroiffes defquel-
les ils prennent les chandelles offertes
le iour de la Chandeleur: car la couftu-
me eft qu'audit iour de la Purification
noftre Dame, le peuple affifte à la bene-
diction des chandelles, à la proceffion
& à la Meffe, tát hommes que femmes,
petits & grands, chacun tiét vn cierge,
ou chádelle en fa main pour faire honneur

neur à Dieu & à la vierge Marie. Au
deſſoubs du chaſteau de la ville, il y a
vne ancienne egliſe parochiale en memoire de ſaint André, qu'on dit eſtre la
plus ancienne de la ville, & s'appelle le
Curé dudit lieu, Archipreſtre, & eſt ſei-
gneur de quelque domaine temporel
qui luy a eſté donné anciénement, ainſi qu'en pourroit teſmoigner M Pierre
Paillier chantre baſſecontre & Curé
reſident audit lieu. En ceſte egliſe il y a
des orgues comme aux autres lieux, &
des plus anciennes de la ville. Il y a pareillement des Chapelains, clercs, ſon-
neurs, foſſayeurs & autres officiers có-
muns. Deſſous l'egliſe vers la ruë ou il
faut deſcendre enuiron ſeize degrez, il
y a vne chapelle ſouterraine ou on celebre quelquefois la Meſſe par deuotion.

Aupres d'icelle egliſe, au deſſous du
rocher ſur lequel eſt aſſis le chaſteau,

comme il a esté dit dessus, est l'hospital des malades, fondé par monsieur sainct Loys Roy de France, qui y mit six religieux chanoines reguliers pour chanter l'office diuin, & administrer les Sacremens aux malades : & y mit semblablement quinze ou seize religieuses dudit ordre pour nourrir les malades.

Quant aux Chanoines, n'y en a plus, ains seulement en leur lieu resident six Chapelains prestres seculiers, & le clerc, nourris & entretenus des reuenus de l'hospital, assez richement fondé. Les religieuses, subietes à vne Prieure, sont encor auiourd'huy en nombre assez competent, à sçauoir quinze ou seize, & auec la deuotion qu'elles ont enuers Dieu, seruent fidelement & diligemment nuict & iour aux malades de ce qu'il leur est necessaire selon Dieu & raison.

S'il aduient mesme que par punition

& per-

& permiſſion diuine, qu'en la ville ou
aux champs y ait quelque maiſon peſti-
feree, leſdites religieuſes par l'obedien-
ce de leur Prieure ne craignent de ſe
mettre és dangers du mauuais air, ſoit
en enſepuelilſant les corps des treſpaſſez, ou en purifiant telles maiſons, cho-
ſe (à la verité) qui leur a donné grande
loüange, & acquis grand honneur deuant Dieu & le monde, ces dernieres
annees que la peſtilence eſtoit en la ville & aux villages circonuoiſins : lors,
dis-ie, que ſeur Marguerite Ricard reli-
gieuſe de leans faiſoit le deuoir pour la
troiſiéme fois de traiter les peſtiferez,
& les rendre purifiez du mauuais air.
Meſſieurs de la ville en ce faict ſe mon-
ſtrerent aſſez diligens, pouruoyant auſ-
dits malades de la contagion d'vn con-
feſſeur medecin ſpirituel, & auſſi d'vn
Chirurgien expert pour les rendre ſains
de corps & bien diſpos.

Si quelqu'vn mouroit en fa maifon de cefte maladie, les religieufes alloient enfepuelir le corps:s'il y auoit vn malade,on le portoit à l'hoftel-Dieu, & les peftiferez fe retiroiét en vn lieu affigné pour eux.

Pour l'augmentation du feruice diuin fait en l'eglife dudit hofpital,feu de bonne memoire madame de Palaifeau, auec fa niepce madame d'Andrefy en leur viuant firét faire les petites orgues qui font au cofté dextre de l'eglife fur vn doxal, non tant efloigné du chœur qu'on ne les puiffe bien ouyr des chaires ou chantent les Chapelains. Les vieilles orgues de grande apparence qui eftoient à l'entree de l'eglife, pour leur antiquité ne feruent plus que de monftre. Le baftiment de cefte eglife eft diuifé en deux voultes par dedans, mais par dehors, n'y a qu'vn toiét qui couure le chœur,la nef, & le lieu ou fót

les

les malades : & eſt vn grand merueille comment dés ſi long temps peuuent les petites colonnes & menus pilliers, porter ſi grand faiz & peſanteur comme ils font.

Sur la riuiere à coſté de l'egliſe, y a vn autre lieu delegué à part pour les peſtiferez, de peur que les autres malades ne ſoient intereſſez de leur contagion. Le cimetiere dudit hoſtel-Dieu eſt hors le pont, en l'vn des coings duquel vers midy eſtoit baſtie vne fort belle chapelle, laquelle fut ruinee par l'inondation & deluge des eaux qui y ſuruint enuiron l'an mil cinq cens ſoixante & huit ou plus. Pour la demeure des Chapelains dudit hoſtel-Dieu, il y a vn lieu ſur la riuiere, hors l'egliſe : & les religieuſes ont à part leur dortoir, cloiſtre, refectoir, cuiſine, bucher, greniers, caues & celiers, preſſoir à vin, fonteines, auec les belles ſales, chambres & court de la

Prieure, situez tout le long de la riuiere d'Oyse. En la tour de l'eglise faite en pyramide, il y a trois cloches, dont l'vne sert pour l'orloge. Entre la nef d'icelle eglise & la sale des malades, est l'oratoire ou les religieuses priét Dieu quád on celebre la Messe, & en ce mesme lieu est dressé vn autel ou on dit la Messe, quand elles veulent receuoir le corps de nostre Seigneur: & au mesme lieu on les enterre apres la mort.

Dedans la ville du costé de Leuant, est assis nostre conuent des Cordeliez, en lieu assez éminent & en bon air, car du iardin qui est haut esleué on void en temps serain toute la valee de Montmorency, & la plaine de Pierrelaye iusques à la montaigne d'Argentueil, sans l'obstacle de laquelle facilement dudit lieu on pourroit voir la ville de Paris. Le lieu ou est de present assis ledit conuent n'estoit au commencemét qu'vne

petite

petite chapelle de saint Iacques qui dependoit de la seigneurie des religieux de saint Martin des champs lez Paris, & audit lieu se retirerent les Cordeliez du temps de la guerre des Anglois, lors que leur conuent situé hors la ville fut razé & desmoly pour obuier aux inconueniens de la guerre.

Le Sieur Gaise de Bouconuiller estoit pour ce temps là capitaine & gouuerneur de la ville & du Vequecin, & commanda ausdits religieux Cordeliez de se retirer de leur lieu des faulxbourgs, & leur assigna le lieu ou ils sont de present.

Quant au conuent de dehors la ville, il estoit de la fondation de la Royne *Blanche*, mere du Roy saint Loys, ainsi qu'il appert par nos chartres & enseignemens : & celuy de present a esté fait & construit d'vne partie des desmolitions de l'autre, auec la diligéce des religieux qui ont solicité pour par aumoſne faire edifier l'egliſe & le conuent tels qu'ils ſont auiourd'huy.

En l'vn des bouts dudit lieu eſtoit l'hoſtel d'Alençon : à l'autre bout, la maiſon du ſieur de Villete, le ſieur d'Auuergne a dóné de noſtre temps l'amortiſſement de la rente qu'il auoit ſur le iardin, quelques autres bourgeois ont donné ſi peu qu'ils auoient aupres du conuent, pour amplifier le lieu tel qu'il eſt. Les chaires, la table du grand autel, le ſepulchre & la chapelle de S. Barbe furent edifiez à la ſolicitation d'vn docteur de leans, nommé frere Iean Bourdin, natif de Cormeilles en Pariſis, lequel apres ſon treſpas fut inhumé en ladite chapelle auec vn epitaphe ſur ſa tumbe.

Les piliers d'erain & le chandelier à trois rames ſur lequel on cháte l'epiſtre au milieu du chœur, ont eſté donnez de noſtre

de noftre temps. Au deffus dudit chandelier vers l'autel eft inhumé le cœur
de Reuerendiffime George d'Amboife, Cardinal & Archeuefque de Rouen,
ainfi qu'il eft efcrit en vne lame d'erain
efleuee trois pieds hors de terre auec la
figure d'vn Ange qui tient vn cœur.
Les Orgues ont efté refaites de nouueau, & pofees de l'autre cofté de l'E-
glife, pour l'accroiffement que nous y
auons fait faire du cofté du iardin, &
font lefdites Orgues de la donnaifon
du Seigneur de Grainuille Admiral de
France, duquel les Armoiries y font at-
tachees, ou de quelque autre de la maifon. Deuát la reformation dudit Conuent y auoit plufieurs rentes & poffeffions que tenoyent les magiftres con-
uentuels lefquels furent chaffez de leur
lieu par le Legat de France George
d'Amboife Archeuefque de Roüen, le
propre iour de fainte Agathe l'an mil

cinq cens & vn auát Pasques, & en leur
lieu mist des freres de l'Obseruance qui
y sont encores de present: & ont entre-
tenu le lieu tel qu'il est , & se sont ac-
commodez vn peu mieux qu'ils n'e-
stoyent auparauant, car auec les trois
dortoirs garnis de chábres & grabats,
ils ont fait faire vne belle Librairie à
deux rengs de pulpitres chargez de liures enchainez assez competamment
pour la commodité des Religieux.

Ceux qui veulent estudier en quel-
conque science que ce soit,ont dequoy
contenter leurs esprits en si grands a-
mas de liures.Pour la consolation des
Grammariens , on y trouue plusieurs
Dictionnaires Hebrieux, Grecs,Latins
& François,auec Priscian,Ciceron,Vi-
ues,Politian, Textor , Celius , Cardan,
Volateran, Iosephe,Tite Liue,Sabelic,
Eusèbe , Nicephore , Orose , Suetone,
Plutarque & autres.Pour employer l'es-

prit en la Philofophie, les œuures de
Platon & Ariftote en Grec & Latin,
Commentaires de Ficinus & Faber, les
Mathematicques de Sconerus, Cypriá,
de Monte Regio, Ptolomee & Stadius,
Galenus, Hipocrates, Ganerius, Ste-
phanus, Rhafis, Celfus, Pline, &c.

Pour les eftudiants en Theologie
fcolaftique, il y a quatre ou cinq pulpi-
tes remplis d'autheurs auec les Dictiô-
naires de mefme matieres.

Pour ceux qui voudroient eftudier
au droict Canon ou au droict Ciuil,
tout le corps du droict Ciuil y a efté
mis de la nouuelle impreffion en quatre & cinq volumes fans vne infinité de
commentateurs & fommiftes.

Pour les Predicateurs, fe trouuent les
efcrits des Peres anciens, comme de
faint Hierofme, faint Ambroife, faint
Auguftin, faint Gregoire le Grand,
faint Gregoire Nazianzene, faint Gre-

goire de Nice, S. Gregoire de Tours, faint Athanafe, faint Anfelme, Theodoret & plufieurs autres efcriuains qui feroyent longs à eftre cy nommez. On y trouue auffi des *Bibles Hebraïques*, Grecques & Latines de plufieurs verfiós, les concordances auec diuerfes poftilles & glofe ordinaire fur l'efcriture Sainte. Contre les noualitez & herefies du temps prefent, on y trouue les refutations de ceux qui ont compofé de noftre temps. Il y a auffi vn nombre competét d'expofiteurs & fermonnaires pour l'eftude & foulagement des Predicateurs dudit Conuent. Tous les iours de l'an (exceptez les feftes folennelles) on fait leçon de Theologie, Philofophie & Grammaire, ou affiftent en diligence ceux qui font deleguez pour l'eftude, fans toutesfois obmettre ny laiffer de faire le deuoir d'affifter à l'Eglife pour deuotement chanter le diuin seruice. Et combien que le chœur de l'eglife foit de petite efpace, fi eft ce neantmoins qu'il y a en fon contenu d'alentour plus de quarante & huit chaires ou fe mettent les Religieux pour celebrer l'office. Quant au nombre des Religieux, il ne fe peut dire pour la varieté & mutation qu'il conuient faire felon l'aduis des prelats qui changent les freres & les enuoyent çà & là pour la commodité des autres Conuents, toutesfois de la vefture de la maifon pour cefte annee s'en trouuent encores de viuans plus de quarante, fans mettre au lifte les nouices ny les feruiteurs. Ce nombre des Religieux eft diuifé les vns en Officiers, les autres en Predicateurs, choriftes, ieunes nouices & en freres laïcques. Le gardien, eft le premier defdits Religieux, & a charge du gouuernement de la maifon, auec le confeil des difcrets qui luy affiftent, & deuant

D iij

lefquels doibt rendre compte tous les premiers iours des mois de l'an , de la diftribution ou reception des aumof-nes. Apres le Gardien, fuit le Lecteur de Theologie(lequel Office ay exercé l'ef-pace de huit ans fans autre recompen-fe que celle que i'attens en Paradis :) & apres le Lecteur , le Vicaire , le maiftre des eufnes & Nouices, le Sacriftain, le portier, le defpenfier, l'enfermier, le fer-uiteur d'hoftes & autres en fi bon or-dre, que chacun fçait ce qu'il doit faire. Le refectoir ou on prend la refection commune eft affez beau , ayant feule-ment quatre trauers de lógueur, & trois colomnes de bois au milieu pour fou-ftenir le fais du dortoir qui eft deffus. Aux vitres & tableaux dudit refectoir font effigiez plufieurs hiftoires qui font de banquets remarquables , com-me du banquet d'Adam & Eue, d'Af-fuere, des Philiftins , de l'enfant prodi-

͡gue, de la Cene, de Daniel & autres. Sur
la feneſtre par laquelle ſert le deſpéſier,
y auoit le temps paſſé vn eſcrit qui
n'eſt pas à meſpriſer, & le mettray icy
afin que quelcun impatient le remar-
que s'il le trouue bon.

Qui n'a patience,
Il n'a pas ſcience.
Qui a patience
Il a grand ſcience.
Science ſans patience
N'eſt pas ſcience.
Qui a ſcience & patience
Il eſt bien ſage en ſapience.
Apprends donc d'auoir patience
Qui vaut mieux que toute ſcience.

Le reſte des Epitaphes, ſuperſcriptions
& Images qui ſont tant en l'Egliſe que
au cloiſtre, i'obmettray pour éuiter
prolixité, & le laiſſeray à la veuë de
ceux qui viſiteront le lieu. Ce qui eſt le
plus remarcable en ce Conuent, eſt le

nombre competent des Predicateurs hommes doctes & fçauans, imbuez en toute science de Philofophie & Theologie, pour l'exercice defquels & pour maintenir le peuple en la Foy de fes anceftres, les *Bourgeoys* ont aduifé de faire la predication toutes les Feftes & Diméches de l'an, en l'Eglife faint Maclou, auec l'Aduent & le Carefme qui fe prefchent par l'vn des Religieux dudit Conuent. Pareillement pour employer les autres Predicateurs felon la grace qui leur eft donnee de Dieu, de fçauoir annoncer la parole de Dieu au fimple peuple, par le gardien leur font affignez lieux & places ou ils fe tráfportent les Feftes & Dimenches pour adminiftrer chacũ de fon falut. Et fi pour le labeur de l'Euangile on leur donne quelque aumofne, ils le rapportent fidelement au commun.

Pres dudit Conuent eft affis le Pa-

lais & logis de l'Archeuefque de Roué,
ou fe tient ordinairement fon grád Vicaire : & fut ledit Palais edifié par le
Sieur Guillaume d'Eftouteuille de fon
viuant Archeuefque de Befançon & de
Rouen, l'an mil quatre cens foixante &
huit. Audit Palais edifié de fortes pierres de taille y a vne petite chapelle ou
quelquesfois on dit la Meffe quád ledit
Archeuefque ne veut point fortir hors
de chez luy: car en autre temps il va aux
Cordeliez par vn petit huis qui eft dedás fon iardin par la porte de derriere &
fás crotter le pied. En ce lieu de l'Archeuefque y a deux belles fales, chábres, e-
ftudes, garderobes, cuifine, eftables,
puits, court & iardin d'afsez pafsable
grádeur felon la fituation du lieu, auec
vn corps de logis qui eft deuát la rué, au
bout duquel fót engrauez defsus la porte les Armoiries de mófieur le Cardinal
de Bourbon, Archeuefque de Roüen.

Dedans l'enclos dudit lieu, il y a encore vn autre logis vers Septentrion ou sont l'audience & plaidoyer pour les causes Ecclesiastiques du vicariat, la prison & le domicile de l'appariteur qui a sortie par la porte d'enhaut en la ruë de la cloche qui meine au grand marché de la ville. A l'entree de la ville pres la porte d'embas par où on va à l'eglise nostre Dame, est vn hospital pour loger & receuoir les pelerins qui vont ou viennent de saint Iacques en Galice. Et à raison que tels pelerins arriuent assez rarement audit hospital, on le fait seruir pour loger tous pauures passants. Là dedans il y a vne fort belle chapelle qui s'estend sur la ruë, ou tous les Dimanches, & trois fois la sepmaine on celebre Messe à l'intention des pelerins. Au bout de la chapelle y a vne grande sale & autres chambres pour loger les gens d'Eglise qui y veulent demeurer.

Non trop loing de là, dedans la ville,
eft le College des enfans de la ville, où
font quatre Regents auec le Principal,
tous commodément logez dedans le
lieu, afin qu'ils puiffent ayfement affifter à leurs claffes à l'heure qu'on fonne
les leçons. Pour la commodité du lieu
ils ont la petite riuiere de Vione qui
paffe par deffouz & au bout dudit College, auec vne fonteine d'eau claire qui
reffort du tuyau general des autres fonteines. Il y a pareillement en ce lieu aupres de la porte du iardin vne chapelle
affez deuote ou on dit la Meffe deuant
les maiftres & efcholiers. Pour le gouuernement temporel des biens dudit
College font de trois en trois ans efleuz
deux Receueurs, qui folicitent les affaires publicques, fi petites qu'elles fôt:
car du reuenu ie fçay qu'il n'eft pas
grand, & feroit on œuure tref-agreable
à Dieu qui par aumofnes l'augméteroit.

Hors la ville sur le Soleil de deux heures apres midy est assise la belle Abbaye de S. Martin ou sont vingt cinq ou trente religieux de l'ordre saint *Benoist*, desquels le premier Abbé, quant au lieu, fut saint Gaultier, lequel viuoit enuiron l'an neuf cens apres la natiuité de nostre Seigneur. En ce mesme lieu des moynes estoit anciennement la paroisse de ceux qui demeuroyent en la grande ruë qui commençoit depuis la riuiere d'Oyse, iusques au dessus de ladite Abbaye. L'an mil deux cens vingt cinq, ceux qui demeuroyent és fauxbourgs de la ville qu'on appelle la Foulerie, pour cause des foulons à drap qui y demeuroyent le temps passé, obtindrét desdits religieux congé & permission de faire edifier vne petite chapelle en l'honneur de nostre Dame : & est le lieu mesme ou depuis a esté edifiee la grande eglise. L'an mil deux cens qua-

rante encore de rechef obtindrent par
permiſſiõ du Pape de Rome, que ladite
chapelle fuſt erigee en paroiſſe, moyé-
nant l'accord fait auec les religieux que
tous les ans deux fois, à ſçauoir le iour
de l'Aſcention & le Dimenche des Rameaux, leſdits paroiſſiens iroyent reco-
gnoiſtre leur ancienne paroiſſe en ladite Abbaye, & ſemblablement qu'aux
quatre feſtes annuelles leſdits religieux
diroyent la grande Meſſe parochialle
en leur Egliſe noſtre Dame, en ſigne de
preéminence & ſouueraineté. Les en-
ſeignemens de ces articles ſont encore
és arches de l'Abbaye, & gardez par R.
P. frere Pierre Maſſieur Prieur de Bouris & Procureur de l'Abbaye. Ces religieux de S. Martin n'eſtát pas du commencemét rentez ſuffiſáment, receurét
la plus gráde partie de leurs poſſeſſions,
rentes, diſmes, & cenſiues de la don-
naiſon de la Conteſſe de Meulá, veſue

de feu Galeran Comte de Meulan
& leur fist faire l'Eglise quand à la nef
& à la tour qui est au bout de l'Eglise.
Ladite Dame est inhumee en la nef d'i-
celle Eglise, ou dessus la terre est vne
tombe esleuee seulement de quatre
doigts pres de terre, & y a quatre clouds
d'erain à chasque coing & vn au milieu. Au costé dextre d'icelle Eglise est
la chapelle saint Gaultier premier Abbé dudit lieu, duquel on void la sepul-
ture esleuee en pierre auec sa represen-
tation, & est fermee de treillis de fer
tout à l'entour. Ce qui est de merueilles
en ceste Eglise, c'est que tout l'edifice
du chœur haut esleué est seulemét sou-
stenu de six petits piliers & colomnes
de pierre, qui sôt à l'étour dudit chœur.
Au lieu ou les moynes chantent le diuin seruice, il y a des chaires faites à l'antique, & au milieu pour le pulpite, est
dressé vn aigle d'erain de grande pe-

ſanteur, comme auſſi dedans la place
qui eſt entre le chœur des religieux & le
grand autel, eſt dreſſé vn chandelier à
pluſieurs rames, en façon de celuy duquel fait mention ſaint Iean en l'Apo-
calypſe. Deuant le crucifix, y a deux
autels parez d'images, côme ſont auſſi les autres qui ſont tout à l'entour du
chœur. Dedans le Monaſtere, il y a vn
beau cloiſtre, & au milieu eſt le puits du
Conuent, le refectoir eſt treſclair, le
chapitre obſcur, le dortoir eſt ancien, la
cuiſine eſt bonne, les ſalles ſont aſſez
bien eſtofez d'extenſilles de meſnage.
Depuis quelque temps, monſieur l'E-
ueſque de Paris Abbé dudit lieu, a fait
redreſſer vn beau corps de logis tout
de neuf, ou il fait ſa reſidéce quád il luy
plaiſt. Hors le cloiſtre, eſt la court du
fermier, le iardin, les vignes, le preſſoir,
les granges, eſtables, colombier, caues
& celiers. Tout à l'entree de la porte eſt

encores vn grand logis qui eſt l'ancien hoſtel de l'Abbé, deuant lequel par dehors l'enclos du monaſtere y a vne grãde place rengee d'arbres moyens: & eſt le lieu ou on tient la foire & marche de la S.Martin d'hyuer l'eſpace de 8.iours.

Depuis ladite place, le fauxbourg de la ville qu'on appelle le fauxbourg S. Martin, s'eſtend iuſques à la porte, de la ville: & tout aupres d'icelle porte, eſt baſtie la grande Egliſe de noſtre Dame, de laquelle ay deſia parlé cy deſſus quand à ſa fondation premiere: & tient on pour vray que les Anglois l'eſleuerent en tel edifice ſomptueux d'ouurage tel qu'on le void auiourd'huy , & ſpecialement celuy duquel la ſepulture eſtoit en Marbre noir & blanc deuant l'image du crucifix au milieu de la place, auant qu'on effaçaſt dudit lieu les epitaphes, enſeignes, & armaries deſdits Angloys par arreſt de la court.

Quelques

Quelques vns veulent dire que ladite eglise fut edifiee par Enguerrand
de Marigny : toutefois il est vray semb-
blable qu'il l'eust rétee si c'eust esté luy,
côme il a fondé les chanoineries d'Es-
couys & de Socqueuille. Or la croisee
de ceste eglise est tât belle & haute, que
la rose des vitres vers midy est estimee
l'ouurage des plus braues architecteurs
qui soient en France. Aux deux bouts
de la croisee il y a deux portes : à celle de
deuers midy est vne grande image du
fils de Dieu, & à l'autre est l'image de
la Vierge Marie ou se sôt faits plusieurs
miracles de petits enfans mornez qui
ont receu la vie par les merites de la
mere de Dieu, ainsi qu'on peut voir sur
la tombe de plusieurs petits enfans qui
sont en ce portail deuant l'image. Au
bout de la nef de l'eglise sôt encor deux
autres grandes portes, desquelles l'vne
est cômmunément ouuerte, & l'autre

E

s'ouure quand l'affluence du peuple eſt grande, comme il aduient és feſtes de noſtre Dame, & ſpecialement en la natiuité, ſeptiéme iour de Nouembre, lors que le peuple par deuotion ſpeciale aborde de toutes parts, afin de gaigner les indulgéces & pardons qui ſont donnez à ceux qui viſitent ledit lieu en tel iour.

L'an de noſtre Seigneur mil cinq cens cinquante & cinq, fut celebré le Iubilé general par le pays de France, & le lieu delegué pour gaigner ledit pardon fut ceſte egliſe de noſtre Dame, ou ſe trouuerent plus de cent mil perſonnes. Du reuenu des oblations, on commença dés lors à edifier des chapelles tout à l'entour du chœur, & ſera bien toſt paracheué ledit ouurage, moyennant la deuotion des gens de bien.

Les menuſeries & piliers d'alentour du grand autel ſont d'erain, & les courtines

tines pendantes font de taffetas: le deffus eft enuironné de plufieurs cierges
de cire bláche. L'autel eft de fort grande hauteur, enrichi d'vne table contenant le myftere de la Paffion, le tout
peint en or de ducat. Les chaires du
chœur, felon l'efpace, font d'affez belle
fabricature tát les baffes que les hautes.

Au deffus de l'eglife, enuiron le milieu, viz à viz du crucifix, il y a vn haut
clocher en longue pyramide, garni de
trois petites cloches tres harmonieufes,
qu'on fonne tous les iours quand on
veut appeler le peuple & le clergé à
l'eglife pour prier Dieu. En l'vne des
hautes tours qui font au bout de la nef
de l'eglife, il y a quatre autres groffes
cloches qu'on fonne és feftes & folen-
nitez, & aux funerailles des gens nota-
bles, tant aux enterremens qu'aux fer-
uices qu'on fait en apres eux. Aux piliers de la nef, font reprefentees en boffe

les images des douze Apoſtres : & au deſſus de meſme pourtraicture , ſont peintes & erigees les images des douze Sibilles, qui prophetizerent de la venue de Ieſus Chriſt en ce móde. Sur le portail de la porte d'embas par dedás , ſont montees les orgues, qui eſt vn vaiſſeau des plus belles & des plus harmonieuſes qui ſoient au monde, ainſi que rapportent meſme les facteurs & organiſtes des pays eſtranges qui ont ouy & viſité par dedans ledit vaiſſeau : & principalement ils admirét le ieu de Nezard, duquel on ne peut trouuer le ſemblable en harmonie. Il y a vn ieu d'anches & cornets hors du grand ſommier, & derriere le ioüeur d'orgues ſans chágement de clauier, pour lequel faire ſonner il y a ſur l'eſtably trois petits ſoufflets qui y ſeruent auec les cinq autres grands qui ſe leuent à poulie ſans fleau.

Or pour celebrer le ſeruice de Dieu

& chan-

& chanter tous les iours les heures canoniales, dix Chapelains font falariez
du reuenu de l'eglife : & pour l'entretenement de la mufique, eft gagé vn maiftre des enfans, qui dreffe & enfeigne
fix petits enfans de chœur, qui font cõ-
munémét veftus de robes rouges, & de
petites aulbes par deffus quand ils font à
l'eglife. Celuy qui prefide en cefte eglife comme Curé dudit lieu, eft Dõ Ar-
nault Fournier, Prieur de Ronquerolle
(que Dieu gard) & en fon abfence, a fon
Vicaire, qui eft de prefent maiftre Mathieu Guyampel, homme certes bien
qualifié pour fon eftat, faifant tous les
Dimenches en fon profne quelque ex-
hortation à fes paroiffiens. Il y a auffi
pour le maniement des affaires politiques de l'eglife, deux Treforiers & vn
Receueur, qui demeurent en l'office
l'efpace de trois ans, & tiennét leur bureau tous les premiers iours des mois.

Pour les autres officiers communs, se trouuent encore l'organiste & son seruiteur, deux clercs, le bideau, le fossayeur, & les sonneurs.

Aux fauxbourgs de l'Aumosne, qui est le chemin par où on va à Paris, il y a vne maladerie fondee deuant le trespas de S. Loys, ou pour maintenir & fournir de viures pour les malades, y a audit lieu vne assez belle metairie garnie de granges & d'autres choses necessaires pour vne cense. La chapelle fondee de saint Lazare & de la Magdaleine, est situee sur la ruë, & est assez grande pour le lieu.

Ce fauxbourg (dit l'Aumosne) a esté fermé de portes depuis vingt ans en ça, à cause des gensd'armes qui y vouloiét loger par force : & est la grand'ruë dudit fauxbourg pauee de grez depuis la maladerie iusques au pont, tout le long de la chaussee, & au bout d'icelle chaussee,

fee, il y a encore plufieurs maifons &
boutiques de gens de meftier, & des
hofteliers pour les paffants. Toutes les
maifons de ce fauxbourg font de la
paroiffe de faint Ouen, duquel l'eglife
n'eft pas plusloing de là que d'vn traict
d'arc. Cefte eglife n'eft pas moins de-
coree que celles de la ville tant en ornements d'autel que cloches., & luminaires.

De l'autre cofté du fauxbourg de
l'Aumofne, vers Soleil leuant eft affis &
bien placé le monaftere & Abbaye de
Maubuiffon, de la fondatió de la Royne Blanche mere de faint Loys, laquelle eft inhumee au mefme lieu dedans le
chœur, ou les religieufes de l'ordre de
Cifteaux chantent le diuin office. L'enclos dudit monaftere eft de plus de cét
arpents de terre, & y comprend l'ancien
Palais de S. Loys, qui eft en la grand'
court, vers l'enclos de l'Aumofne. L'e-

glise est fort haute, à deux esles auec vn
petit cloché qu'on y a fait refaire, depuis que le grãd pyramidal a esté bruslé
enuiron l'an mil cinq cens quarante.
Dedans le chœur ou chantent lesdites
religieuses, se trouuent quatre rengs de
chaires, comme il y a aussi quasi en toutes les eglises de la ville, & est le paué
enrichi de figures & de plusieurs tom-
bes de marbre noir & blanc. Dedans
l'autre chœur, ou les Moynes chantent
la grand'Messe, à costé dextre il y a encor trois sepultures esleuees en marbre
de quelques grand's Dames ou Prin-
cesses qui ont esté inhumees en ladite
eglise.

Et pource qu'il y a deux chœurs se-
parez l'vn d'auec l'autre par vne seule
cloison, sur ladite cloison aussi y a il
deux images de crucifix qui sont doz à
doz en vne mesme croix, pour seruir à
l'vn & l'autre chœur. Le dortoir du
mona-

monaftere eft muny de chambres toutes faites de bois par dedans. Le refectoir ancien (fur lequel eft efleuee vne
tour pyramidale, ou il y a vne cloche)
eft aſſez beau & grand, & void on encore aux tables qu'il a ſerui d'eſquirie
du temps des guerres, par ce qu'elles ſôt
perſees d'vn bout en l'autre. Il y à vn autre refectoir ou les religieuſes prennent
leur commune refection en forme de
conuent : & en ce lieu, durant le diſner
ou ſouper, l'vne des nonnains lit de ql-
ques eſcritures ſaintes & deuotes, afin
que l'ame ſoit refectionnee ainſi bien
que le corps. Le nombre des religieuſes
dudit lieu eft d'enuiron vne quarantei-
ne, auec le train de madame de Broſſes,
Abbeſſe dudit monaftere. Quant au
cloiſtre, il eft fort beau, & tout lambriſ-
ſé de bout à autre.

Ledit monaftere eft regi & gou-
uerné par l'aduis de l'Abbeſſe, Prieure

& Soufprieure, Chantre, Secretaine & maiftreffe des Nouices. Et pource qu'il leur eft defendu de fortir les limites de l'Abbaye, elles ont vn Receueur & foliciteur qui manie leurs negoces & affaires politiques, & ont efgard fur les fermiers, & fur le labour de la maifon, pour l'entretenement duquel ils ont charretiers, boulengers, feruants & feruantes de là dedás qui ont leur manoir à part vers la grand' porte, fur laquelle demeurent les religieux. Audit lieu dás l'enclos pour la deuotion defdits feruiteurs, il y a vne ancienne chapelle vers la porte des cháps, ou on dit vne Meffe tous les Dimenches, qui eft de la fondation de S. Loys. Contre les murailles dudit monaftere, vers le midy, hors la porte, fluë vn bel eftang rempli de poiffon, dont la fource vient d'vn village d'aupres, qu'on appelle la Vacherie, & là auffi les religieufes ont vne céfe ceinte de

te de hautes murailles, depuis le flux dudit eftang iufques au chemin de Paris,
& s'appelle ledit lieu, Lieffe, au deffus
duquel, tirant vers l'Aumofne, eft le
moulin à vent de l'Abbaye, combien
que plus aifément le pourroient mettre
en leur enclos ou au deffoubs, pour la
grâde commodité du Ru qui paffe par
à cofté dudit monaftere.

Entre autres rentes que poffedent
les Nonnains & Dames de cefte Abbaye, on y peut bien nombrer, pour le
principal, le minage & mefurage du
marché de la ville qui fe tient trois fois
la fepmaine, à fçauoir, le Mardi, le Ieudi
& le Samedi : car n'y a guere marché où
on vende plus de blé qu'en ceftuy là, à
caufe de plufieurs villages du vigno-
ble, lefquels ne recueillás pas beaucoup
de blé pour leur fuffire toute l'annee,
ont recours audit marché, pour en a-
uoir leur fourniture, & fans vfure ny

regretterie.

Audit marché y ont aussi quelques priuileges les religieuses de l'hostel-Dieu, comme a aussi (pour autre raison) le maistre des œuures. La place de ce marché est de grandeur assez ample: & au milieu d'icelle, depuis cinquáte ans, on a fait edifier plusieurs maisons, qui pource doiuét rente à l'eglise saint Ma-clou, d'autant qu'audit lieu, le temps passé, estoit le cimetiere de ladite eglise, qui fut transferé hors la ville, au lieu ou feu de bóne memoire maistre Alexan-dre Chasteau sieur de Montiauou, fit edifier vne chapelle. Au dessous de ce cimetiere qui est hors la ville, vers So-leil leuant, est situé l'hermitage de la ville, ou souloient demeurer deux an-ciés hermites, qui de iour en iour men-dioyent leur vie parmi les ruës. Ce lieu a esté dernierement concedé à quel-ques ieunes hermites, lesquels depuis

se font

fe font rendus fous l'obeiffance du general de l'ordre de la Trinité, & s'appellent Mathurins . Ils font encore men-
dians, parce qu'ils n'ont pas rentes ny
poffeffions fuffifantes pour leur viure.

Audit lieu depuis n'agueres a efté
fait vn petit chœur d'eglife auec la chapelle qui y eftoit entaillée dans le rocher : & ont les religieux amplifié le
dortoir, le refectoir, & deffriché le iardin & la vigne des hermites. Vn peu
plus haut que ceft hermitage, vers Septentrion, fur le chemin qui meine de
Pontoife à *Beauuais*, il y a vn hofpital
de faint Antoine, là où le temps paffé
on logeoit les pauures paffants, & autres gens eftropiats ou vieilles perfonnes qui ne pouuoient gaigner leur vie,
ainfi que peuuent tefmoigner ceux qui
y ont veu de noftre temps les couches
& grabats depuis quarante ans, à fçauoir vn peu deuant que les femmes &

gens laiques se saisissent des biens dudit lieu (qui est l'hospital, maladerie & chapelle) sous pretexte de droict patronnat, & de la couuerture d'vn *Custodi nos*, qui ny prend, ne fait, ne met rien que son nom.

L'eglise de cest hospital fort ancienne, est de moyenne grandeur, auec la petite tour & les cloches, s'il y en a encore. Pour le labeur des terres se tient là dedans vn censier, qui occupe le lieu, & est chargé de faire dire vne Messe tous les ans le iour de S. Antoine. Aupres de l'hospital il y a vne belle petite garenne, qui s'estend en coste tout le long de la vallee, lieu fort plaisant en temps d'Esté. Pour ledit hospital il y a encore vne autre metairie aux fauxbourgs de la porte d'Annery: ausquels fauxbourgs pour estre assis en lieu haut par dessus la ville, fort esloigné de la riuiere, y a vn puits commun audit fermier & à tous

les

les manans des fauxbourgs qui ont ac-
couſtumé de contribuer argent pour
fournir le puits de cordes, parce qu'il
en eſt requis grand nombre de toyſes, à
cauſe de la profondité admirable.

Les maiſons de ces fauxbourgs font
trois ruës hors la ville, deſquelles l'vne
ſans diſcontinuation s'eſtend en tour-
noyant iuſques à la paroiſſe de noſtre
Dame. Et enuiró le milieu de ceſt eſpace, il y a encor' vn puits, qu'on dit auoir
eſté deuant le Conuent des Cordeliez,
lors qu'ils demouroient hors la ville,
deuát la place ou ſe tient le matché aux
pourceaux. Et dit on qu'au bout de la
ruë de la geole eſtoit vne porte qu'on
appeloit la porte des Cordeliez : & fut
cloſe ceſte porte du temps de la guerre
des Anglois, qui s'eſtans emparez de la
ville firent faire la fortereſſe qu'on appelle la porte d'Annery : lequel lieu eſt
fait de fortes pierres de tailles en forme

d'esperon, garni de fossez à fons de cu-
ue , auec les fossez de la ville qui vont
depuis vn bout de la riuiere tout à l'entour des murailles iusques à l'autre
bout:& sont ces fossez des plus creux &
profonds qu'on voye guere en France.

Auec la porte d'Annery il y a encore six autres portes,à sçauoir,la porte de
Chapelets,la porte de S.Iaques,les portes de *Bicherel*, du Pont, du Potiz, &
celle du cimetiere neuf. En temps qu'il
est bruit de guerre,on n'ouure seulemét
que trois de ces sept portes, sçauoir est,
du Pont,d'Annery & de Chapelets. La
porte d'Annery sert pour donner pas-
sage à ceux qui viennent de Picardie
pour aller à Paris : par la porte de Chapelets on va à Roüen, & par celle du
Pont on sort pour aller droit à Paris
par Argétueil ou par S. Denis en France.

Pour la garde des portes sont ordonnez

nez des Capitaines par monsieur de
Bois Roger, Baillif Lieutenant & gouuerneur, qui par commission du Roy
iusques à present a commandé & com-
mande de faire bonne garde & sen-
tinelle quand il est temps, & qu'il
void estre expedient. Quand pour les
affaires politiques de la ville de trois en
trois ans sont esleuz deux Bourgeoys
qu'on appelle gouuerneurs de maison
de ville, & y furent dernieremét esleuz
par l'accord & consentement de tous
les Bourgeoys, maistre Iacques Derin,
Notaire Royal, & M. Iaspar Honoré,
tous deux bien rompuz és affaires de la
police. Et pource que les deniers seruét
cóme de nerfs au corps politique, quád
& les gouuerneurs est pareillemét esleu
vn Receueur pour faire venir & receuoir les deniers qu'on doit à la ville, &
pour deffrayer aussi les despens du public. Quand au reuenu de la ville, il est

F

bien petit, parce qu'il ne peut venir que des boucheries, & poiſſonneries, & d'autres places communes, pour l'eſtablage ſeulement des marchandiſes.

Sur le pont d'Oyſe, il y a ſix boutiques de bouchers, qui ſont loüees au profit de la ville, comme ſont auſſi les cinq ou ſix maiſons qui ſont au bout dudit pont. Il y a deux grands moulins à eau ſur ce meſme pont, ſur leſquels la ville ne prend rien.

Hors la porte de Chapelets y a vne autre boucherie de laquelle la ville prend le loüage à ſon profit. Tout au milieu de la ville en la ruë baſſe, il y a vne gráde boucherie de dixhuit à vingt boutiques de bouchers, ſur leſquels la ville ne prend rien que l'eſtablage. Ces marchands Bouchers ont telle police entr'eux, qu'aux iours des Dimenches & autres feſtes ſolennelles, n'y en a que vn d'entr'eux à qui il ſoit permis en tels

iours

iours de védre chair fur l'eftal, & d'ou-
urir fa boutique. Il y a auffi vifitation
entr'eux pour le faict de leur eftat, cóme de tous autres meftiers : & obferue
on tant dextrement les ordonnances,
que ceux qui font trouuez y contreue-
nir, ne font pas laiffez impunis.

Pour les iours maigres, il y a vne
trefbelle poiffonnerie qu'on appelle la
harangerie, lieu fait en triangle, fermát
à trois portes quand il faut vuider du
lieu, afin d'affifter à l'eglife pour le iour
des feftes rendre à Dieu l'honneur qui
luy appartient: car il n'eft pas raifonnable de tenir tablier ouuert pendant que
il faut prier Dieu. Auffi le peuple de
Pontoife (que Dieu gard) eft tant affe-
cté & deuot enuers Dieu, qu'on ne
voira iamais hommes vacabonds parmi les ruës, ny aux tauernes, ce pendant
qu'on dira Vefpres, la Meffe, ou durant
le fermó qui fe fait tous les Dimenches,

comme dit eſt. Que ſi on en trouue quelques vns qui ſe ioüent, ou qui yurongnent durãt le ſermon, on ne les laiſſe pas impunis, ſi on les y peut apprehender. On n'oſeroit auſſi ſe pourmener dans les egliſes durant qu'on y chante le ſeruice diuin, ſur peine d'eſtre puni ſelon l'ordonnance des eſtats de Blois.

Pour reuenir à noſtre harangerie où on vend le poiſſon de mer, frais & ſalé, ie ne laiſſeray à dire que hors ceſte place dedans la ruë ſe tient le marché du poiſſon de riuiere, des eſcales, huictres, harencs frais, ſols, & ſalez, carpes, brochets, goujons, anguilles, pimperneaux lamproyes, tanches, troüettes, barbeaux, eſcreuiſſes, & d'autres ſortes de poiſſons. Aupres de ce lieu vn peu plus haut, tous les iours de Vendredi & Samedi, on vend le beurre & frommage, creſme, oignons, & toutes manieres de

fruicts

fruicts qu'on pourroit fouhaiter, & de-
firer. Et iaçoit qu'aux trois iours de mar
ché, la marchandife eftalee foit commune à tous marchands, fi eft-ce toutesfois qu'il n'eft aucunement permis
aux payfans de s'en munir qu'au preala-
lable les bourgeois de la ville n'en foiét
fournis: & afin de fçauoir l'heure de védre commune à tous, fur les onze heures on fonne la cloche pour le fignifier.

Deuant le conuent des Cordeliez, il
y a vne belle grand' place qu'on appelle l'Eftape, où on vent le vin publique-
ment, & fans regretiers.

Pour guider & mener les marcháds
qui achetent le vin, font ordonnez des
corratiers qui gouftét & font pour lef-
dits marchands comme pour eux en fi-
delité. Vray eft que le marché eft beaucoup diminué à caufe des dix fols pour
ponçon qu'on exacte aux portes de la
ville. En cefte place de l'Eftape, eft efle-

uee en forme de pyramide vne croix
de pierre, comme auſſi il s'en trouue és
autres places publiques, comme en la
croix du *Bourg*, & deuant le logis de
monſieur de *Bois-Roger*, iuge & gouuerneur de la ville. Vn peu plus haut
que ceſte croix qu'on appelle la belle
Croix, eſt vn beau logis qui eſt vne
maiſon publique & commune à toute
la ville, où on fait les feſtins & báquets
ſolennels des nopces, & fournit de vaiſ-
ſelle pour leſdits banquets, le concierge
dudit lieu. Le ſalaire en reuient au profit de la confrairie des Clercs à qui appartient le logis. Ceſte confrairie des
Clercs dés long temps eſt fondee en l'e-
gliſe de noſtre Dame de Pontoiſe : &
le chantent tous les iours deux hautes
Meſſes à Diacre & Soudiacre, auec les
orgues, ſans autres ſoixante Meſſes baſſes que les Chapelains celebrent toutes
les ſepmaines. Pour ladite confrerie, il y
a des

a des Chapelains particulierement deleguez, fans ceux de la paroiſſe, pour
faire le ſeruice. Quiconque veut eſtre
aſſocié aux ſuffrages particuliers de la
confrairie, il eſt requis qu'il donne vne
fois pour le tout, cent ſols tournois aux
Preuoſts ou Receueur delegué pour receuoir les rentes & biens de ladite confrairie. Si toſt qu'on eſt aduerti du treſpas de quelque confrere, on celebre vn
ſeruice ſolennel en ladite egliſe noſtre
Dame, pour l'intention du treſpaſſé.
Toutesfois ſi le treſpaſſé eſt inhumé en
l'vne des egliſes de la ville, tous les Chapelains de la confrairie vont en ladite
egliſe pour y faire le ſeruice des treſpaſſez. Le ſiege de ceſte confrairie aux
Clercs eſt le Dimenche dans l'octaue
de l'Aſſomption noſtre Dame, ou les
confreres par deuotion aſſiſtent, s'ils
veulent, à la proceſſion ſolennelle, qui
ſe fait quelquesfois tout à l'entour de la

F iiij

ville. Pour ladite confrairie il y a cali-
ces & ornements propres, vn Doyen,
huit Chapelains, vn Diacre & Soudiacre, vn Clerc, le bedeau, l'organiſte, preuoſts & receueur, comme dit eſt. Le
principal reuenu de la confrairie vient
de la deuotion d'vne bonne Dame qui
laiſſa quelques heritages, afin qu'on
priaſt Dieu pour elle apres ſon treſpas.
La ferme eſt entre Maigny & ſaint Cler
ſur Epte, ſur le chemin de Roüen.

En l'egliſe noſtre Dame & aux autres de la ville, il y a pluſieurs autres có-
frairies: car n'y a eſtat ne meſtier qui ne
ſoit de quelque particuliere confrairie.
En chaſque egliſe, y a vne confrairie du
ſaint Sacrement, pour l'entretenement
de laquelle quand vient la feſte dudit
Sacrement chacune paroiſſe fait ſa proceſſion à part, les ruës eſtans toutes ta-
piſſees pour l'hóneur & reuerence deuë
à Ieſus Chriſt contenu realement ſous

la

la sainte hostie. Et ce qui ce fait deux ou
trois fois l'an, estoit fait le temps passé
plus souuent, à sçauoir toutes les fois
qu'on estoit aduerti qu'on portoit le
saint Sacrement à vn malade, ainsi que
il se peut prouuer par les escrits de saint
Gregoire de Tours, & des ordonnances des saints Conciles de *Bracare*, &
autres, lesquels commandent de faire la
procession en grande solennité en en-
suyuant les anciens Chrestiens. Or tous
les iours de l'octaue enuiron cinq heures & demie du soir se chante vn salut
aux Cordeliez, ou assiste le peuple deuot pour adorer Iesus Christ en toute
reuerence. Là apres qu'on a chanté vn
Respons & vn Hymne, le Prestre auec
l'encens reuestu de vestemens sacerdo-
taux adore le saint Sacrement, puis le
propose au peuple pour l'adorer: ce que
estant fait sur les six heures, le peuple
retourne en l'eglise saint Maclou où on

chante vn semblable salut, & puis apres à nostre Dame sur les six heures & demie, & à sept heures à saint Pierre.

Pour fournir de luminaire audit salut des Cordeliez, le sire Nicolas Souuoye bourgeois de la ville donne quatre torches de cire blanche, pource que c'est à sa deuotion qu'on chante ledit salut. D'abondant ceux de saint Pierre, le Ieudi iour de l'octaue font tout au circuit de la ville vne procession solennelle, où ils portent le saint Sacrement en grande reuerence & solennité : car au train de la procession y a douze personnages reuestus en la maniere des Apostres, & suyuent ceux qui deuant eux representent les figures de l'ancien Testament touchát l'institution de ce Sacrement, comme Melchisedech, Abraham, Isaac, les douze enfans de Iacob, lesquels par figure mangerent le corps de nostre Seigneur en mágeant la máne celeste

celeste parmi les deferts : outre plus le
myftere d'Elie qui mangea le pain que
l'Ange luy donna : Dauid & les fiens,
qui mangerent les pains de Propofi-
tion , auec autres plufieurs myfteres
longs à reciter. Se trouuent auffi en cefte proceffion les meneftriers de la ville tant ceux de la grande que de la petite bende, qui fonnent harmonieufemét
de haubois , cornets à bouquin, violes,
luths & d'autres inftruméts melodieux
ainfi qu'il leur plaift. On y void pareillement vne bende de dix ou douze petits enfans reueftus d'aulbes blanches,
emplumacez en figures d'Anges cou-
ronnez, ayans en leurs mains ciftres,
guiternes, mandores & violons. Apres
tous perfonnages fuyuent les preftres
reueftus en chapes auec des chapeaux
de fleurs fur leurs teftes, & tout le peuple en grande deuotion portant cierges, torches, & autres luminaires.

Il se fait vne semblable procession
tous les ans le premier Dimenche de
May, ou le second : le tout aux frais &
despens de la confrairie de la Passion,
qui tient son siege le iour de l'inuétion
sainte Croix, troisiéme iour de May, en
l'eglise parochiale de saint Maclou.
Vray est qu'il y a dauantage de personnages en celle de May qu'en l'autre du
Sacremét : car auec les Apostres, les Sy-
biles, prestres, peuple, menestriers &
petits enfans angelots, toutes les figures
de la Passion y sont representez par personnages. Le premier mystere, est d'vn
paradis terrestre rempli d'arbres, porté
sur vne cariole à quatre roües, & au
dessus des arbres fueillus, ou sont atta-
chees pómes d'oranges & autres fruicts
que semblent máger Adam & Eue tous
nuds, auec la figure d'vn serpent en face
feminine.

Le second mystere est des limbes
ou sont

ou font les Peres : & eft vn lieu fait de
toille noire femee de larmes tout à l'entour, & eft trainé par Lucifer , & d'autres qu'ó n'apperçoit point. L'arche de
Noé, le facrifice d'Abraham, d'Ifaac, de
Iacob, les douze patriarches , le ferpent
d'erain , le mont de Caluaire, auec autres infinis perfonnages y font repre-
fentez en fi bel ordre & equipage, que
plufieurs des lieux circonuoifins y ac-
courent pour voir cefte proceffion.

Ie ne veux laiffer arriere la belle
proceffion que les bourgeois de Pontoife firent l'an mil cinq cens quatre
vingts & quatre, lors qu'ils partirent de
la ville pour aller à Mante fix lieux loin
de là, tous reueftus & enuelopez d'vn
linceul blanc , tenans en leurs mains
chacun vne croix & vn petit cierge.
L'ordre de fix à fept mille perfonnes
qui affifterent à cefte proceffion (combien qu'il fift temps pluuieux) eftoit tel,

qu'en partant de l'eglise noftre Dame enuiron quatre heures du matin, deux hommes portoient chacun vne banniere de fatin blanc, cofte à cofte l'vn de l'autre, fuyuis en mefme reng d'vn nombre de quatre cens hommes, apres lefquels y auoit vn chœur de chantres muficiens chantans la Letanie.

Apres ce premier chœur, en reng fuyuoient deux mille perfonnes femmes & filles, lefquelles chantoient ce verfet, *Aue Maria Domini mei mater alma celica plena gratia.* Apres ces femmes y auoit encore vn chœur de chantres muficiens chantans comme les autres. Apres ces chantres fuyuoit le refte des femmes, & apres elles enuiron trois mil hommes qu'enfans & garçons, & apres eux le clergé & les religieux, vn chœur de muficiens, chantant chacun tant clerc que lay, felô fa deuotion. Le refte des hommes fuyuoit le faint Sacremét:

&

& eſtoit le nombre d'enuiron quatre
cés torches. Ceſte proceſſion ainſi rengee alla iuſques à *Meulan* ou il falut
diſner, & de là, on alla coucher à Mante. Le lendemain matin on chanta la
Meſſe, & fit on la predication, & apres
la deuotion faite, la proceſſion s'en re-
tourna en meſme ordre que deuant.

Ceux de Senlis vindrent à Pontoiſe
en meſme ordre, comme firent auſſi
plus de ſoixante autres proceſſions de
villages qui s'aſſembloient en vne ban-
de & venoient en la ville, ou ils eſtoiét
logez, meſme quelquefois, deffrayez
de leurs deſpés, ainſi qu'en pourroient
teſmoigner ceux de Trillebardou, de
Liury & d'autres villages qui ſont d'aupres de Meaux en *Brie.*

Pour reuenir à Pontoiſe, de la fondation & legs teſtamentaire de deffunt
Ieàn du Saulx bourgeois de Pontoiſe,
tous les premiers Ieudis du mois, ſe fait

vne proceſſion en l'egliſe noſtre Dame ou dedans l'egliſe ſeulement à l'entour des chapelles & de la nef, on porte ſolennellement le ſaint Sacrement. Iournellement à cinq heures du ſoir ſe dit vn ſalut deuant l'image noſtre Dame, au portail aquilonaire de ladite egliſe: le ſemblable ſe fait ſur les ſix heures en l'egliſe ſaint Maclou. Or auec la confrairie des preſtres, tant du ſaint Sacrement que des Clercs noſtre Dame, il y a encore vne confrairie de ſainte Cecile és trois egliſes ou il y a chantres & chapelles de muſique, à ſçauoir à S. Pierre, ſaint Maclou & à noſtre Dame.

Outre plus, les bourgeois & artiſans ont des confrairies ſelon leurs eſtats. Les gens de iuſtice & autres qui viuent de plume, ont leur confrairie de ſaint Yues en l'egliſe ſaint Maclou : leurs clercs, ont la confrairie de ſaint Nicolas tant en Hyuer qu'en Eſté.

Les

Les Drapiers, & autres qui fe meflét
de laines , comme chauffetiers, tapif-
fiers, tailleurs & coufturiers, ont leur có-
frairie & chapelle de fainte Geneuiefue
à faint Maclou. Les vignerons & tauer-
niers ont en plufieurs lieux la confrairie
faint Vincent. Les Boulengers, ont faint
Honoré: les tonneliers faint Iean, en l'e-
glife faint Mellon: les arbaleftriers (defquels le Capitaine par priuilege & don
de Roy) eft franc de tous tributs, daces,
tailles & impofts, ont leur confrairie de
faint Sebaftien: les tanneurs de cuir, S.
Cucufa : les menufiers & tourneurs,
fainte Anne: les cordiez, faint Paul : les
pefcheurs, faint Pierre: les cordonniers,
faint Crefpin : les fauetiers, faint Cref-
pinien : les rotiffeurs, faint Michel : les
merciers & les poiffonniers, S. Barbe:
les marefchaux & ferruriers, faint Eloy:
les cardeurs, S. Blaife : les telliers tiffer-
rans, faint Cler : les medecins, apoticai-

G

res, barbiers & droguiſtes, ont leur
confrairie de ſaint Coſme & ſaint Da-
mien. Les maçons & tailleurs de pierre
ont leur confrairie ſaint Loys : & les
meneſtriers, ſaint Iulien. Aux Cordeliez ſe trouuent encore pour le commun les confrairies de ſaint Ioſeph, de
ſaint François, de ſainte Marguerite &
de ſainte Barbe. Le temps paſſé, les bouchers y auoyent leur confrairie : mais
ils l'ont transferé en leur paroiſſe ſaint
Maclou. En l'hoſtel-Dieu, ſont pareillement fondees les confrairies & ba-
ſtons de ſaint Blaiſe, ſaint Prix, & de S.
Loys Roy de France. A S. Mellon ceux
qui portent le nom dudit ſaint, y ont
erigé vne confrairie. En l'egliſe ſaint
Pierre a eſté de nouueau erigee vne có-
freirie de ſaint Roch, en memoire duquel ſaint on celebre tous les Lundys de
l'an, vne Meſſe ſolennelle auec la proceſſion. I'ay fait en rihme fráçoiſe la vie
dudit

dudit saint, qui est attachee en vn grãd tableau pres de l'autel, du costé vers midy. En l'eglise saint Maclou, quasi toutes les sepmaines, il y a festes de confrairie, comme des festes de nostre Dame, de saint Maur, de saint Prix , saint Marcou, sainte Croix, du Sacrement, du S. Esprit, de l'Ascention , de saint Gond, saint Cloud, saint Claude, saint Nicolas, saint Yues , saint Roch, saint Cir, sainte Catherine, saint Anthoine, saint Mathurin, saint Hyldeuert , saint Fiacre, saihte Barbe, sainte Apolyne, sainte Oportune, sainte Marguerite, onze mil vierges, sainte Geneuiefue , saint Guillaume, saint Vincent, sainte Auoye, S. Gille, saint Leu , sainte Radegonde, S. Seruais, saint Hubert & autres en grand nombre. En l'eglise nostre Dame il y en a autant qu'aux autres, & outre plus ont les confrairies de saint Iulien, pou les menestriers, & de l'Ascention pou architectes , de laquelle M. Nicolas Mercier, (l'vn des braues architecteurs de ce temps) est le Procureut & Receueur. Toutes ses confrairies ne consistent à autre fin qu'à prier Dieu pour les viuans & trespassez, exceptez celles des Clers & de saint Françoys, desquelles le succroist & reste des fraits payez , est employé , tant pour la nourriture des pauures, que pour l'entretenement des ornements necessaires à l'eglise, & b en souuent pour recompenser ceux qui preschent aux eglises tous les iours des Dimenches & festes solennelles. Quád il trespasse quelcun des confreres des côfrairies susdites, les bedeaux de la ville reuestus de tunicques vont sonner & cliqueter parmy les ruës en annonçant la mort du deffunct & l'heure du conuoy: puis ceux qui y doyuent assister, se trouuent à l'eglise au son des cloches pour par apres aller processiónellemét

querir

querir le corps du treſpaſſé & l'appor-
ter en l'egliſe ou on chante le traict,
Domine non ſecundum, & puis on fait l'é-
terrement auec prieres ſolennelles. Les
Procureurs des confrairies ſolicitét de
faire dire les ſeruices ordonnez par les
Statuts & ordonnances deſdites confrairies: voire qu'on trouuera que ſi vn
homme eſt de dix confrairies qu'on
chantera à ſon intention dix ſeruices
ſolénels, & à chaſque ſeruice trois hautes Meſſes, Vigiles à neuf leçons auec
les Recommendaces. Or pour le fait de
ces confrairies, il n'eſt pas loiſible ny
permis à toutes perſonnes ſelon leurs
fantaſies d'eriger telles confraternitez,
ſans l'adueu & permiſſion des officiers
de la iuſtice eccleſiaſtique, auſquels eſt
donné charge par l'Archeueſque de
Roüen de maintenir en bonne & de-
uóte police tout le Vicariat de Pótoiſe.
Celuy qui tient le ſupreme lieu én l'e-

ftat de iudicature ecclefiaftique &
cour d'eglife, c'eft pour le prefent M.
Iacques de la Sauffaye grád Vicaire de
Pontoife, ordonné de par monfieur le
Cardinal de Boubon Archeuefque de
Roüen, lequel a foubs luy, le Promo-
teur, le Greffier, Secretaire, Aduocats &
Procureurs & autres qui tiennent leurs
plaids deux fois la fepmaine en leur au-
diéce dans l'hoftel Archiepifcopal. Ce
grand Vicaire a foubs luy trois Doyen-
nez, à fçauoir, de Meulant, Magny &
Chaulmont, aufquels lieux quatre fois
l'an, il affemble les Curez à la Calende,
des quatre temps, & leur remóftre leur
falut. Vne fois l'an, le Mardy d'apres la
faint Martin d'hyuer, fe tient le Synode defdits Curez, ou ils fe trouuent tous
dans l'eglife noftre Dame de Pontoife
és fauxbourgs, pource que c'eft la premiere eglife de tout le Vicariat. Car les
autres paroiffes de la ville & cinq villages pro-

ges prochains d'icelle ville ne font du
tout fuiets audit grand Vicaire, ains
feulement au Doyen des Chanoynes
faint Mellô. Entre les chaires du chœur
de la grande eglife noftre Dame de Paris, s'en trouue vne, fur laquelle eft efcrit ainfi: *C'eft la chaire de l'Archedyacre de*
Pontoife. Quelques vns eftiment que
Pontoife eftoit le temps paffé du dyocefe de Paris, comme par probation
vray-femblable, on chante encore de
prefent les heures canoniales, felon l'v-
fage de Paris, en toutes les eglifes de la
ville & des cinq villages. Mefme combien qu'il ait efté ordonné au dernier
Synode tenu à Roüen que toutes les
Dedicaces du dyocefe ce celebraffent
en mefme iour, à fçauoir le iour faint
Remy premier iour d'Octobre, fi eft ce
neantmoins que ceux de Pontoife ny
leur cinq villages n'en font rien, comme n'eftans fuiets audit Vicaire : auffi

leur demanda on s'ls vouloyent man-
der quelque chofe audit Synode. D'a-
bondant les Pontoifiens ne font pas du
Parlement de Roué,ains fous le *Bailli*-
*a*ge de Senlis qui eft du Parlement de
Paris.Les caufes auffi decidez en l'audi-
toire dudit grád Vicaire,en cas d'appel,
vont à Rome deuant le faint Siege A-
poftolique.On remift en doubte n'y a
pas long-temps,en plein Parlement de
Paris , à fçauoir fi Pontoife eftoit de
Normandie à caufe de l'effection du
Recteur de l'Vniuerfité de Paris,qui e-
ftoit natif de Pontoife,& nommé maiftre Guillaume de *Boiffy* Profeffeur en
Medecine.Le fait fut refolu que Pontoife eftoit du Parlement de Paris,& de
la nation.Or pour l'adminiftration du
droit Ciuil, il y a plufieurs Iuges en cefte ville de Pontoife,à fçauoir le Lieutenant *Baillif*,le Preuoft Chaftelain, &
le Preuoft Maire & Voyer,le grád maiftre des

ftre des Eaux & Forefts, le Preuoft des
Marefchaux, les Efleuz, les Garnetier &
Contr'oleur du Magafin du fel, & autres que ie ne cognois point. Pour l'exercice & adminiftration defdits fieges
de iudicature, il y a en la ville plus de
dix huict Aduocats, hommes bien di-
fans, doctes & fçauans, *in vtroque iure.*
Pour les caufes du Roy à la conferuatió
de fon droit, y a vn Aduocat & vn Procureur du Roy, lefquels fçauent fort bié
haranguer & difcourir és caufes ciuiles,
tant en langue Latine que vulgaire, cóme auffi fçait faire la plus grande partie
des autres Aduocats, dequoy ceft dom-
mage qu'ils ne font employez en plus
grandes affaires que de cefte Chaftele-
nie. Il y a encore pour les caufes Ciuiles
plufieurs Procureurs, Notaires & Ta-
bellions Royaux, Sergeants, Clercs, So-
liciteurs & autres de l'eftat de pratique.
En la Geole ou on plaide les caufes

Ciuiles, il y a vne falle ornee de baffes & hautes chaires, comme fi c'eftoit en vne eglife cathedrale.

Dans le contenu de cefte Geole, font les prifons de la ville, & au deuant du logis eft dreffé vn auuét auec la barriere pour s'appuyer, & au deffus eft le bureau de la ville & l'ancien beffroy ou le téps paffé eftoit l'Horloge publique, qui eft à prefent au fommet de la tour de faint Maclou, ou on a dreffé les apeaux qui chantent l'antiéne, *Inuiolata*, deuant que de fonner l'heure.

Ceft Horloge de faint Maclou eft le plus beau de la ville, ayant vn fort beau & grand cadran, auquel eft figuree la Lune en tel poinct qu'elle apparoift iournellemét au ciel, comme auffi il y a en l'horloge de noftre Dame.

En celuy des Cordeliez, n'y a finon que deux apeaux pour fignifier les quarts, demy heures & tiers quarts deuant que fonner l'heure.

Aux autres Horloges, comme de S. Pierre, de Maubuyſſon, de l'hoſtel Dieu, & de ſaint Martin, n'y a point d'apeaux.

S'il faut faire aſſemblee de ville pour decider des affaires dequoy il eſt queſtion, on ſonne la groſſe Cloche dudit Horloge ſaint Maclou, afin de conuier les bourgeoys à ſe trouuer deuant l'hoſtel de ville.

Pour l'entretenement des Fontaines, il y a vn homme gagé aux deſpens de la ville, lequel ſçait & cognoiſt tous les ſecrets deſdites Fontaines iuſques à la ſource qui eſt a vne lieuë loing, pres du village d'Ony, au lieu dit Beſagny.

Les tuyaux & canals deſdites Fonteines ſont faits de plomb, & viennent en virotant tout le long de la coſte, iuſques aux fauxbourgs deuāt l'egliſe noſtre Dame, ou ils ſont vne Fontaine, &

delà entrent en la ville par dedans les
foſſez deuant ſaint Iacques , puis dans
le colege, deuant le logis de Pierre Honoré , en la croix du *Bourg*, aux deux
Anges, deuant ſaint André , en l'hoſtel
Dieu, deuant la porte du pont, & de là
aux Cordeliez.

 Du coſté meſme d'où procedent
les Fontaines, fluë quant & quant, vne
petite riuiere qu'on appelle Vione , laquelle prend ſa ſource de deux Fontaines, deſquellee l'vne eſt pres du village
dit le *Bouillaume*, à cinq lieuës de Pontoiſe ſur le chemin de Chaulmont : &
l'autre eſt pres de Commeny , en vne
vallee appellee Goulines.

 Ladite petite riuiere fait mouldre
tant dehors que dedans la ville pluſieurs moulins à bled , à Foulon de
draps, à tan, à tainture, à huile, à papier,
& ſert à mille petites commoditez de
meſnage, puis va entrer dans la riuiere
d'Oyſe

d'Oyſe, qui paſſe par deuant la ville ſur le meridional.

Auprès du lieu ou tombe ceſte petite riuiere, il y a vne belle place pour la commodité des marchands de bois & d'autres qui là chargent & deſchargent leurs marchandiſes.

Il y a vne autre place autant & plus grande que ceſte cy, qui eſt ſur le bord de l'eau au deſſus du pont.

Pour entrer eſdites places du coſté de la ville, il y a deux portes, & s'appellent du nom des places, à ſçauoir la porte du Potiz & de Bicherel, leſquelles deux places ſont ſeparees l'vne de l'autre, par le pont & l'hoſtel-Dieu, qui eſt aſſis ſur la riuiere au deſſous du pont.

Il y a vne Iſle belle & plaiſante au deſſus dudit pont, ou les cheuaux de voicturiers ſur eau vont par nacelles pour tirer les grás baſteaux de deſſous l'arche du pont quand ils montent à mont, soit qu'ils veulét aller à Soissons, où a la Fere en Picardie. Les marchands qui meinent marchandises en montát ou en aualant ledit pont, payent certain tribut au Roy, qui est le principal seigneur de la ville.

On trouue par escrit és Chroniques de France que ceste ville de Pontoise fut prise deux ou trois fois par les Angloys, lesquels toutesfois, auec l'aide de Dieu, en furent chassez, & remise entre les mains du Roy, enuiron l'an mil quatre cens cinquante, le premier iour de May : en memoire dequoy tous les ans en tel iour on fait vne processió generale ou toutes les paroisses assistent, & sortent hors la ville, en signe de la deliurance, iusques au lieu qu'on appelle la croix de l'ormeteau S. Simeon.

On fait vne semblable procession generale la veille saint Martin d'hyuer, en memoire que Dieu rompit le desseing

des

des proteſtás qui s'acheminoient pour
aſſieger & prendre la ville , s'ils euſſent
eu la puiſſance.

Pareillement, le iour ſaint Iacques
&de S.Chriſtophle,on fait vne proceſſion ſolennelle parmi la ville , ou par
deuotion, auec chacun vn cierge à la
main,aſſiſtent tous les pelerins du païs,
qui ont fait le voyage de ſaint Iacques
en Galice.

Des jeux de recreation qui ſe font
du temps des iours gras , des comedies,
des Roys,nopces, feſtins & autres cho-
ſes ſemblables , pour eſtre communes
aux autres villes, ie n'en feray aucune
mention non plus que des ruës & ruel-
les, deſquelles pour le preſent, ne puis
ſçauoir le nom, par ce qu'eſtant eſloi-
gné de la ville , demeurant pour ceſt'
heure à Roüen, n'ay trouué perſonne
qui m'aydaſt en mon quart d'heure a-
apres diſner, pour plainement reduire

par escrit ce que me venoit en memoire, comme i'auois eu en faisant les
Antiquitez de Roüen. Atten-
dant mieux, ie me recom-
mande. A Dieu
soyez.

F. I. N.